AF275051

20€

Disfrute gratuitamente **DURANTE UN AÑO** de los eBook y audiolibros de las obras de Editorial Colex*

⊚ Acceda a la página web de la editorial **www.colex.es**

⊚ Identifíquese con su usuario y contraseña. En caso de no disponer de una cuenta regístrese.

⊚ Acceda en el menú de usuario a la pestaña «Mis códigos» e introduzca el que aparece a continuación:

RASCAR PARA VISUALIZAR EL CÓDIGO

⊚ Una vez se valide el código, aparecerá una ventana de confirmación y su eBook y/o audiolibro estará disponible **durante 1 año desde su activación** en la pestaña «Mis libros» en el menú de usuario.

---

* Los audiolibros están disponibles en las ediciones más recientes de nuestras obras. Se excluyen expresamente las colecciones «Códigos comentados», «Biblioteca digital» y los productos de www.vademecumlegal.es.

No se admitirá la devolución si el código promocional ha sido manipulado y/o utilizado.

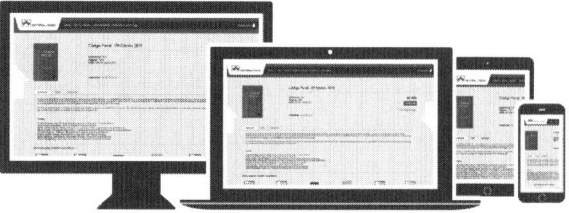

¡Gracias por confiar en nosotros!

La obra que acaba de adquirir incluye de forma gratuita la versión electrónica. Acceda a nuestra página web para aprovechar todas las funcionalidades de las que dispone en nuestro lector.

Funcionalidades eBook

Acceso desde cualquier dispositivo con conexión a internet

Idéntica visualización a la edición de papel

Navegación intuitiva

Tamaño del texto adaptable

Síguenos en:

LOS NO OLVIDADOS

Observaciones sobre la presunta relación entre la
pornografía infantil y el secuestro de menores en España

LOS NO OLVIDADOS

Observaciones sobre la presunta relación entre la pornografía infantil y el secuestro de menores en España

Facundo David Gallo Serpillo

Prólogo

Paco Lobatón

COLEX 2024

Copyright © 2024

© Facundo David Gallo Serpillo

© Editorial Colex, S.L.
Calle Costa Rica, número 5, 3.º B (local comercial)
A Coruña, C.P. 15004
info@colex.es
www.colex.es

I.S.B.N.: 978-84-1194-703-9
Depósito legal: C 1569-2024

A mi familia por arroparme bajo un manto de confianza y complicidad, no es fácil tener al lado a una persona tan inquieta.

A QSDglobal Fundación Europea por las Personas desaparecidas, porque ningún desaparecido caiga en las garras del olvido.

A todo aquel que aún busca a quien tanto añora; que los minutos dedicados a concebir esta obra sirvan para arrojar luz allí donde otros pretenden que haya tinieblas y desasosiego.

ABREVIATURAS

CC	Código Civil (español).
CIDFP	Convención Interamericana sobre Desaparición Forzada de Personas.
CIPPDF	Convención Internacional para la Protección de todas las Personas contra las Desapariciones Forzadas.
CNDES	Centro Nacional de Desaparecidos.
CP	Abreviatura de Código Penal (español).
DPPDF	Declaración sobre la Protección de todas las Personas contra las Desapariciones Forzadas.
EMCDDA	European Monitoring Center for Drugs and Drug Addiction.
ER	Estatuto de Roma de la Corte Penal internacional.
EU	Abreviatura de European Union.
FBI	Oficina Federal de Investigación o Buró Federal de Investigaciones.
FFCCSE	Fuerzas y Cuerpos de Seguridad del Estado.
HS	Hidden Services.
I2P	Invisible Internet Project, haciendo referencia a un software de anonimato.
IWF	Internet Watch Foundation (Reino Unido).
LO	Ley Orgánica.
P2P	Peer-to-peer; red de ordenadores donde todos los nodos se comportan iguales entre sí.
RAE	Real Academia Española.
SEC	Sistema Estadístico Criminal (https://estadisticasdecriminalidad.ses.mir.es/).

TD	Tesis Doctoral. Haciendo alusión a la tesis: Gallo-Serpillo, F. (2023). Estudio sobre la pornografía infantil en internet y su relación con la desaparición forzosa de menores en España. Universidad de Granada. ISBN: 9788411953320
UE	Abreviatura de Unión Europea.

SUMARIO

I.
DESAPARICIÓN DE MENORES

II.
PORNOGRAFÍA INFANTIL EN LÍNEA

SOBRE EL AUTOR

Doctor en criminología por la Universidad de Granada e ingeniero informático por la University of Wales, es también autor del libro *Deep Web, el monstruo de la red* (2020) publicado en la editorial Ra-Ma, así como también de diversos artículos divulgativos y académicos del ámbito de la ciberseguridad y del cibercrimen.

Con más de 15 años de experiencia profesional, actualmente ejerce como profesor e investigador (PDI) en cibercrimen y ciberseguridad en la Universidad Internacional de la Rioja, así como también de director en innovación en Ewala IT Services, y profesor colaborador en la Universidad Miguel Hernández de Elche.

Facundo Gallo Serpillo

PRÓLOGO

PROHIBIDO OLVIDAR

Vivimos en un sistema de información basado en impactos sucesivos. El estruendo del último silencia casi por completo al precedente. Ocurre en cuestión de minutos y, en ocasiones, de tan solo unos segundos. Las redes sociales utilizadas hoy en día por miles de millones de usuarios en el mundo responden a esa dinámica enloquecida y enloquecedora. La consecuencia es un consumo compulsivo de los impactos informativos que, lejos de enriquecer el conocimiento de los hechos que los han motivado tiende a vaciarlos de contenido. Y es así como en un lapso de apenas dos décadas hemos visto desvanecerse en aras de una suerte de banalidad general básica el entusiasmo fundacional del internet que se nos ofrecía como una Biblioteca de Alejandría de acceso universal y gratuito, salvoconducto al conocimiento, al saber atesorado por la humanidad y a la ciencia. Y es así como ahora vivimos la paradoja de una saturación informativa tal que deviene desinformación o que se ve pervertida por el virus de los bulos, las *fake news*, o, dicho en el castellano más rotundo, las burdas patrañas. La segunda década del siglo veintiuno nos sitúa ante el desafío enorme de sobreponernos a ese fluido tóxico para tratar de conectar con la realidad y, a partir de ella, recuperar el control sobre nuestras vidas. Individualmente y como sociedad, revalidando el sentido del bien general.

Vamos a necesitar herramientas informativas basadas en la veracidad y en el contraste riguroso de los datos. Reivindicar para ese fin los medios de comunicación independiente y profesionales no será retornar al pasado sino rescatar la confianza en fidedignas fuentes de información. Y serán igualmente imprescindibles investigaciones científicamente avaladas que nos ayuden a desbrozar los hechos, a identificar su origen y a calibrar sus consecuencias.

En la Universidad de Granada, un ingeniero y doctor en Criminología, Facundo Gallo, ha asumido la hercúlea tarea de preguntar —y preguntarse— acerca de un asunto tan extremadamente sensible como la pedofilia y la pornografía infantil, así como sobre la posible relación entre su crecimiento exponencial en internet y los secuestros y desapariciones forzosas de menores. En sus indagaciones, Gallo ha establecido como cálculo de partida que internet aloja en la actualidad más de treinta millones de páginas web cuyo contenido tiene que ver (nunca mejor dicho) con la pornografía infantil. Dichos contenidos, por demás, vienen a representar el segundo grupo de productos ilícitos de la *Dark Web,* el internet oculto. He ahí la descomunal dimensión de ese siniestro almacén de materiales para el delito y para un negocio evaluado recientemente en 20.000 millones de dólares anuales.

Antes de la irrupción masiva de internet, en 1984, Estados Unidos, con Reagan de Presidente, decidió crear el NMEC (National Center for the Missing and Exploited Children). Fue la alarma oficial sobre la proliferación de casos de niños víctimas de explotación sexual y de desapariciones contadas a razón de 2.100 cada día hasta sumar 800.00 cada año. (Datos de la Oficina de Justicia Juvenil y Prevención de la Delincuencia). En 2012, la experiencia estadounidense alentó la puesta en marcha de un centro similar de ámbito internacional, el ICMEC, integrado por 100 países y que cuenta con la colaboración de Interpol. Paralelamente, 31 países se unieron en la Red Mundial de Niños Desaparecidos, cuyo valor principal ha sido la creación de una Base de Datos centralizada y multilingüe.

Una red tan poderosa se reveló insuficiente para resolver el caso probablemente más mediático del último siglo, la desaparición en 2007, en el Algarve portugués de la pequeña Madeleine McCan. Sus padres, Jerry y Kate, impulsaron una búsqueda de alcance planetario en internet basada en una web presidida por la imagen de Madeleine: *Dont You Forget About Me.*

La sospecha de un móvil sexual en este secuestro vino a confirmarse con la detención de un pederasta alemán como presunto autor. Algo parecido sucedió con la desaparición en Canarias ese mismo año de Yéremi Vargas, de 7 años. Un conocido pedófilo, con condenas anteriores, fue imputado tras diez años de exhaustiva investigación de la UCO (Unidad Central Operativa) de la Guardia Civil. Sin embargo, el juez desestimó los informes y decidió el archivo y sobreseimiento del caso.

En estos ejemplos, de tanta transcendencia en la opinión pública, se hacen visibles los enormes déficits legislativos que sufren las víctimas de este tipo de delitos. Cuanto más anónimas, más víctimas. Y todo ello con el desolador paisaje que era el dominante hasta hace poco: solo 27 países contaban en 2012 con una legislación específica contra la pornografía infantil.

Mientras, los datos de desaparición de menores, con la posible derivación de explotación sexual, siguen revelándose inquietantes en la Europa actual. Según publica «Missig Children Europe» como dato invariable desde 2015, son 250.000 las desapariciones de menores registradas anualmente en los 27 países de la UE. Pero esa cifra, además de ser debidamente actualizada en términos cuantitativos, requiere de mayor precisión cualitativa. Es imperativo, por ejemplo, saber si están o no incluidos los menores no acompañados que arriban en las sucesivas oleadas migratorias. Así, la red internacional de periodistas *Lost in Europe* informa que 51.433 niños y adolescentes constan como desaparecidos después de haber estado tutelados por las autoridades públicas. Y la Comisaria europea de integración y migración advierte: «Los menores refugiados no acompañados se convierten en víctimas de los traficantes de seres humanos cuando ya están en la UE». Una afirmación tan grave debería conllevar la articulación de medidas de alcance suficiente como para hacerles frente de manera eficaz, más allá del recurso de un Teléfono Único Europeo —el 116 000— creado en 2010 por parte el gobierno comunitario y presente desde entonces en los 27 países miembros. Medidas que optimicen las actuaciones policiales en línea con la coordinación practicada a través de Interpol, pero también, y sin más demora, capaces de crear las bases de una protección jurídica específica y única en todo el ámbito de la UE.

Ante este panorama general cobra un prometedor valor añadido el impulso investigador del doctor Facundo Gallo en la Universidad de Granada, su tesis doctoral y la versión divulgativa que suponen las páginas de este libro. UGR: la misma Universidad que desde los años 2000 ha dado soporte a DNA-PROKIDS, una acción humanitaria ideada y llevada a la práctica por José Antonio Lorente Acosta, catedrático de Medicina Legal y uno de los expertos en ADN más reclamados dentro y fuera de España.

«Yo observaba, en múltiples viajes, la gran cantidad de niños casi abandonados en las calles de numerosas ciudades de Latinoamérica y Asia, y que las autoridades nos decían que no sabían ni podían averiguar quiénes eran sus familias. Los primeros trabajos comenzaron en Guatemala entre 2004 y 2006. —ha contado el propio Lorente—. A fecha de hoy hay en las diversas bases de datos de DNA-PROKIDS de más de 8 países del mundo unas 23.000 muestras, se han hecho 3.200 identificaciones positivas (con reunificación familiar) y se han evitado más de 281 adopciones ilegales, contó Lorente a preguntas de un periodista sobre el origen de la iniciativa. Respecto de su alcance, añadió "Estamos ayudando en este momento a instituciones y organismos públicos oficiales de 16 países del mundo a generar dos bases de datos genéticas paralelas. Una, con ADN de todos los menores encontrados fuera de su hogar, en la calle, en centros de acogida, etc. y que normalmente son víctimas de explotación laboral, sexual, mendicidad o incluso obligados a delinquir. La otra base de datos está conformada por ADN de las familias de niños que han desaparecido, y que pueden ser identificados por este medio. Es muy importante resaltar que en ciertos países se dan niños en adopción sin comprobar que la mujer que los da es la verdadera madre, y en esto también ayuda el ADN"».

A Lorente le mueve la realidad flagrante que ha conocido de primera mano y sobre el terreno en sus numerosísimos viajes internacionales convertidos en auténticas misiones. «El tráfico y trata (explotación) de seres humanos se ha convertido en un negocio tan lucrativo como el tráfico de armas o el de drogas, con la ventaja para los criminales que es más difícil de investigar y por lo tanto de castigar. Además, un niño o una niña explotada laboral o sexualmente puede rendir un beneficio económico a diario, mientras que la venta de armas o droga, por caras que sean, sólo generan beneficios una vez, en el momento de la venta. Pero centrándonos en la trata de menores, uno de los retos es conseguir identificar a las víctimas y, en su caso, poder demostrar que no tienen relación con quien dice ser su padre, o madre o tío o abuelo.

Lo más fácil es tratar con un menor que no está identificado y que no puede decirnos quién es, y ahí es donde DNA-PRO-KIDS juega un papel de apoyo único e irremplazable».

El mapa de las actuaciones no ha cesado de crecer tanto en Latinoamérica (México, Guatemala, El Salvador, Rep. Dominicana, Ecuador, Perú, Bolivia, Paraguay y Brasil) como en Asia (Nepal, India, Filipinas, Tailandia, Malasia, Sri Lanka e Indonesia).

Al formidable logro que supone haber localizado a 3.200 menores desaparecidos y haber impedido centenares de adopciones ilegales, quizá lo más significativo es haber conseguido que GUATEMALA haya promulgado la llamada *Ley Alba-Keneth, de 13 de septiembre de 2010.* Una Ley que obliga a hacer identificación genética de todos los menores sin familia y de todos los familiares de menores desaparecidos que lo deseen. Es el primer país del mundo que lo ha hecho. «Pronto lo harán todos», sentencia con optimismo Lorente: «De hecho, Honduras y México ya tienen propuestas avanzadas en este sentido».

Por todo ello, no es de extrañar que el Papa Francisco y la Pontificia Academia de las Ciencias de El Vaticano requiriesen en 2013 y 2022 la presencia de José Antonio como destacado ponente en los últimos simposios celebrados en Roma sobre el tráfico de personas. Así también, fue de un valor formidable para la Fundación Europea por las Personas Desaparecidas QSDglobal que José Antonio Lorente asumiera la Presidencia, propuesta y votada unánimemente por nuestro Patronato en 2018.

El legado de DNA-Prokids ha pasado así a ser parte del patrimonio inmaterial de valores y objetivos de QSDglobal. Un haber que viene a enriquecer la publicación de LOS NO OLVIDADOS cuyos derechos han sido generosamente donados por su autor a nuestra Fundación. Lo agradecemos comprometiendo nuestro esfuerzo para ampliar la consciencia social sobre esta realidad y para difundir sin descanso el mandato de NO OLVIDAR: ni a los menores víctimas de abusos sexuales y desapariciones forzosas, ni a los victimarios que acechan desde el lado oscuro de internet y a la luz del día, sin vergüenza ni prejuicios, en los más insospechados espacios de nuestros pueblos y ciudades.

Paco Lobatón
Vicepresidente Quién Sabe Dónde global

INTRODUCCIÓN

En el año 2017 era una persona con una clara vocación por la ciberseguridad y cierto es que me podría haber plantado en mi zona de confort, pero acababa de ser padre y este hecho trajo consigo otras preocupaciones e incertidumbres que no podían ser resueltas mediante el hacking ético, temores que imagino gran parte de los padres comparten; por consiguiente, me armé del suficiente arrojo para indagar en una serie de sucesos que se antojaban más recurrentes de lo que uno quisiera: los secuestros de menores. Cuanto más profundizaba en las hemerotecas de sucesos criminales para intentar contextualizar el problema, más aumentaba mi preocupación por aquellos niños que de la noche a la mañana dejaban de existir en todo el mundo. Entonces las noticias sobre diversos individuos relacionados con la demanda de pornografía infantil, sumadas a las teorías alternativas sobre presuntas tramas de pederastia, fueron el caldo de cultivo para afirmarme en mi intención de dar respuesta a la siguiente reflexión:

> ¿Existe acaso una relación entre el consumo pornografía infantil y los casos de secuestros de menores en España?

Esta pregunta abría todo un abanico de posibilidades, tan amplio como la definición de pornografía infantil y los perfiles delictivos que de ella se desprenden; evaluar esta hipótesis permitiría bien confirmar la existencia de una correlación estadística entre los fenómenos criminológicos o, en el peor de los casos, descartaría la vía explicativa analizada, permitiendo explorar otras posibilidades. La forma que se me ocurrió de resolver la incertidumbre con mayores garantías y rigurosidad fue abordándola como parte de una tesis doctoral, una búsqueda incansable por la verdad envuelta de un proceso continuo de ensayo y error.

Por si esto fuera poco, en el año 2020 tuve una epifanía, recordé que en mis años de juventud en Mar del Plata (Argentina) circulaba el rumor de un coche rojo con vidrios tintados que recorría las calles con el único propósito de hacer fotos a los niños para más adelante proceder al secuestro; rumores, o tal vez habladurías, que si bien parecieran constituir un sueño añejo y anodino, aún resuenan en mi memoria cada vez que hallo una nueva noticia situada en el mismo contexto geográfico, bajo las mismas o similares casuísticas.

Figura 1: Noticia relativa al secuestro de
menores en Argentina (2016).

«Según relató, a principios de la semana, su nena de 12 años salió del colegio, fue a la clase de educación física y cuando regresaba a su casa "un auto blanco con los vidrios polarizados la trató de secuestrar". "La siguieron, le sacaron fotos y llegó a casa muy asustada", aseguró y contó las peripecias que vivió para que la policía tuviera en cuenta lo sucedido.

Es que, de acuerdo a su testimonio, tras el llamado al 911, "la policía tardó más de 20 minutos en llegar". "Me fui a la comisaría, estuve más de una hora esperando y la policía lo único que me pidió fue que si veía de nuevo el auto los llamara", contó y se mostró preocupada por lo sucedido: "Ese día me enteré de otra chica que le habían querido sacar los nenes de los brazos; todo pasó acá en menos de cuatro cuadras"».

Fuente: Quedigital (2016) https://quedigital.com.ar/sociedad/
reclamo-en-el-martillo-denunciar-no-sirve-si-no-hay-patrulleros/

Figura 2: Noticia relativa al secuestro de
menores en Argentina (2023).

«Una mamá denunció en la Comisaría de Rancul que, en momentos en que su hijo volvía de hacer un mandado, un hombre a bordo de un auto negro con vidrios polarizados se le acercó y le ofreció llevarlo. El niño se asustó y salió corriendo».

Fuente: Eldiariodelapampa (2023) https://www.
pampadiario.com/single-post.php?id=63474#

Con todo ello, comprendí que mi inquietud tenía unas raíces más profundas de lo que pensaba y que los temores actuales no eran más que el resurgimiento de una duda que aguardaba a ser resuelta desde hacía años. Este hecho me dio un último respiro y un motivo más para finalizar, ya exhausto, mi proyecto. En el año 2024, habiendo finalizado la tesis doctoral, di con una correlación estadística, así como también con un conjunto de datos de perfilación criminal, información que haré el esfuerzo de transmitir en el presente libro sin demasiadas florituras metodológicas y estadísticas para que el mensaje pueda ser accesible a todos los públicos.

Finalmente, el libro presenta una síntesis de la tesis doctoral *Estudio sobre la Pornografía Infantil en Internet y su Relación con la Desaparición Forzosa de Menores en España*[1], resaltando los hallazgos más relevantes para que el lector pueda sacar sus propias conclusiones.

---

1   GALLO-SERPILLO, F. (2023). *Estudio sobre la pornografía infantil en internet y su relación con la desaparición forzosa de menores en España*. Universidad de Granada. ISBN: 9788411953320

I.

DESAPARICIÓN DE MENORES

El presente capítulo está destinado a abordar las principales definiciones de personas desaparecidas y su categorización, haciendo especial énfasis en las denominadas desapariciones forzosas. En consecuencia, se expondrán datos relativos al territorio español para que el lector pueda tener una visión precisa sobre el verdadero impacto social que acarrean las desapariciones de menores.

1.1. Definición de persona desaparecida

Con el objeto de hallar una definición sobre persona desaparecida, debemos mencionar que la RAE recoge una aproximación inicial a la expresión «desaparecido» o «desaparecida», con dos posibles interpretaciones:

– «Dicho de una persona: Que se halla en paradero desconocido, sin que se sepa si vive».

– «Muerto»[2].

Ahora bien, la anterior no resulta una definición suficiente para encuadrar las diversas aristas que se desprenden del término, y si bien el art. 181 del Código Civil español (en adelante, CC) incluye también un primer acercamiento al considerar «desaparecida una persona de su domicilio o del lugar de su

---

2   REAL ACADEMIA ESPAÑOLA. (s.f.-b). «Desaparecido-da». Recuperado el 10 de septiembre de 2022, de https://dle.rae.es/desaparecido?m=form

última residencia, sin haberse tenido en ella más noticias», no existe una definición legal relativa a lo que engloba el término «persona desaparecida» obligando a acudir lo establecido en la Recomendación CM/Rec(2009)12 del Consejo de Europa, fechada el 09 de diciembre de 2009, la cual establece que:

> La persona desaparecida es la persona ausente de su residencia habitual sin motivo conocido o aparente, cuya existencia es motivo de inquietud o bien que su nueva residencia se ignora, dando lugar a la búsqueda en el interés de su propia seguridad y sobre la base del interés familiar o social[3].

Conforme a lo dispuesto en el I Plan Estratégico en materia de Personas Desaparecidas (2022-2024)[4], la definición del Consejo de Europa se encuentra actualmente en vigor y constituye «el punto inicial de la actividad posterior que se ha venido realizando durante esta última década, tanto desde el Ministerio del Interior, como desde otras instituciones públicas y privadas»

Finalmente, el *Protocolo de actuación de las fuerzas y cuerpos de seguridad ante casos de personas desaparecidas*, emitido por el Ministerio del Interior, bajo su apartado segundo (conceptos básicos), establece como definición de «persona desparecida» a:

> Aquélla sobre la que sus familiares, amigos y conocidos no tienen noticias de su paradero y su situación personal, independiente de cuál sea su edad (menor o mayor de edad), su sexo, condición, nacionalidad o cualquier otra circunstancia personal o social, así como cuál sea el motivo que haya provocado la ausencia del entorno en el que habitualmente se desarrollaba y discurría la vida de dicha persona[5].

En cuanto a la categorización de personas desaparecidas, y con la entrada en vigor *del Protocolo de actuación de las*

---

3   Recommendation CM/Rec(2009)12 of the Committee of Ministers to member states, on principles concerning missing persons and the presumption of death. 09 de diciembre de 2009. https://search.coe.int/cm/Pages/result_details.aspx?ObjectID=09000016805cff3d.

4   MINISTERIO DEL INTERIOR. (2022). *I Plan Estratégico en materia..., op. cit.*, p. 1.

5   MINISTERIO DEL INTERIOR. (2019). *Protocolo de actuación..., op. cit.*, p. 14.

fuerzas y cuerpos de seguridad ante casos de personas desaparecidas[6] se estableció una taxonomía estructurada en tres grandes grupos:

Desapariciones voluntarias

Estas tienen lugar cuando una persona que desaparece lo hace sin ningún tipo de factor que le condicione a la hora de tomar esta decisión; la voluntad del desaparecido es no ser hallado o no facilitar información que evidencie su localización. Los motivos y causas asociadas a esta decisión vienen dadas por diversas razones, bien sean de carácter personal, sentimental, familiar, laboral, etc.

Desapariciones involuntarias

Son aquéllas en las que la persona desaparece por causas ajenas a su voluntad; esta categoría es de aplicación siempre y cuando los motivos de la desaparición no se correspondan a hechos criminales.

Desapariciones forzosas

Por último, la modalidad de desapariciones forzosas incluye aquellas personas cuya desaparición se encuentra relacionada con un hecho delictivo o una actividad criminal. De esta manera, y a modo de ejemplo, podrían existir hechos relacionados con la adhesión a una secta, la detención ilegal, la captación por redes organizadas de trata de seres humanos o secuestro, siendo este último escenario de gran interés para el presente trabajo. A continuación, se profundiza en la definición de desaparición forzosa, así como también sus implicaciones sociales y regulatorias.

1.2. Desaparición forzosa

La desaparición forzosa de personas, también conocida como desaparición forzada, constituye un fenómeno grave, con un carácter pluriofensivo y con una amplia diversidad de víctimas[7], y es que la desaparición forzosa representa una de

---

6   MINISTERIO DEL INTERIOR. (2019). *Protocolo de actuación...*, *op. cit.*, p. 15.
7   ORTEGA, M. C., & LÓPEZ, J. J. (2015). *Desapariciones forzadas...*, *op. cit.*, p. 322.

las más graves violaciones a los derechos fundamentales del ser humano, así como un «ultraje a la dignidad humana»[8] y una «grave ofensa de naturaleza odiosa a la dignidad intrínseca de la persona humana»[9]. Para comprender aún más el fenómeno, debemos ampliar la conceptualización y la definición través de los principales tratados y legislaciones; no obstante, y dada la pluralidad de los instrumentos internacionales que buscan establecer sus propias definiciones, hemos de realizar una transcripción de las mismas para construir un marco de referencia común.

Por una parte, la *Declaración sobre la Protección de todas las Personas contra las Desapariciones Forzadas* (en adelante, DPPDF), en su tercer preámbulo, establece que se tratan de actos a través de los cuales:

> Se arreste, detenga o traslade contra su voluntad a las personas, o que éstas resulten privadas de su libertad de alguna otra forma por agentes gubernamentales de cualquier sector o nivel, por grupos organizados o por particulares que actúan en nombre del gobierno o con su apoyo directo o indirecto, su autorización o su asentimiento, y que luego se niegan a revelar la suerte o el paradero de esas personas o a reconocer que están privadas de la libertad, sustrayéndolas así a la protección de la ley[10].

En segundo término, la *Convención Interamericana sobre Desaparición Forzada de Personas* (en adelante, CIDFP) considera la desaparición forzada como:

> La privación de la libertad a una o más personas, cualquiera que fuere su forma, cometida por agentes del Estado o por personas o grupos de personas que actúen con la autorización, el apoyo o la aquiescencia del Estado, seguida de la falta de información o de la negativa

---

8   Declaración sobre la protección de todas las personas contra las desapariciones forzadas. Aprobada por la Asamblea General en su resolución 47/133 de 18 de diciembre 1992. p .2.

9   Convención interamericana sobre desaparición forzada de personas. Adoptada en Belém do Pará, Brasil, el 9 de junio de 1994, en el vigésimo cuarto período ordinario de sesiones de la Asamblea General de Organización de los Estados Americanos. p. 8.

10 Declaración sobre la protección de todas las personas contra las desapariciones forzadas. Aprobada por la Asamblea General en su resolución 47/133 de 18 de diciembre 1992. p .1.

a reconocer dicha privación de libertad o de informar sobre el paradero de la persona, con lo cual se impide el ejercicio de los recursos legales y de las garantías procesales pertinentes[11].

A su vez, la *Convención Internacional para la Protección de todas las Personas contra las Desapariciones Forzadas* (en adelante, CIPPDF), adoptada el 20 de diciembre de 2006 y en vigor desde el 23 de diciembre de 2010, considera como desaparición forzada al:

El arresto, la detención, el secuestro o cualquier otra forma de privación de libertad que sean obra de agentes del Estado o por personas o grupos de personas que actúan con la autorización, el apoyo o la aquiescencia del Estado, seguida de la negativa a reconocer dicha privación de libertad o del ocultamiento de la suerte o el paradero de la persona desaparecida, sustrayéndola a la protección de la ley[12].

Por último, el *Estatuto de Roma de la Corte Penal Internacional* (en adelante, ER), establece, bajo su artículo 7, que la desaparición forzada se corresponde a un crimen de lesa humanidad al considerarlas como:

La aprehensión, la detención o el secuestro de personas por un Estado o una organización política, o con su autorización, apoyo o aquiescencia, seguido de la negativa a admitir tal privación de libertad o dar información sobre la suerte o el paradero de esas personas, con la intención de dejarlas fuera del amparo de la ley por un período prolongado[13].

---

11   Convención interamericana sobre desaparición forzada de personas. Adoptada en Belém do Pará, Brasil, el 9 de junio de 1994, en el vigésimo cuarto período ordinario de sesiones de la Asamblea General de Organización de los Estados Americanos. p. 2.

12   «Convención Internacional para la Protección de todas las Personas contra las Desapariciones Forzadas». *Fondo de las Naciones Unidas para la Infancia (UNICEF)*. 2010, https://www.ohchr.org/es/instruments-mechanisms/instruments/international-convention-protection-all-persons-enforced

13   Estatuto de roma de la Corte Penal internacional (documento A/CONF.183/9). Secretaría General de las Naciones Unidas. 17 de julio de 1998, p. 6.

Como podemos apreciar, existen diversos instrumentos jurídicos que buscan armonizar criterios en torno al término de desaparición forzosa, sin embargo, suelen encontrarse circunscritos a los denominados crímenes de guerra. En la misma dirección, La Asamblea General de la Organización de los Estados Americanos, en su resolución AG/RES. 666 (XIII-0/83), adoptada el 18 de noviembre de 1983, párr. 4, indica que la práctica de la desaparición forzada constituye un crimen de «lesa humanidad»[14] a pesar de que en el derecho internacional sólo se consideren de lesa humanidad aquellas desapariciones forzadas que hayan sido cometidas bajo una práctica a gran escala y/o sistemática[15].

Dada la diversidad de aproximaciones al concepto de desapariciones forzosas, resulta de vital importancia consensuar una definición basada en unos criterios o elementos constituyentes que permitan acreditar que se ha producido una desaparición forzosa; de esta manera, Taibi Sferrazza[16], en su estudio sobre la definición de la desaparición forzada en el derecho internacional, considera que debe estar integrada por tres elementos constituyentes: la privación de libertad, la denegación de información y el sujeto activo. A continuación, se exponen los fundamentos de estos componentes con especial atención a los sujetos activos.

1.2.1. Privación de la libertad

La privación de la libertad representa el principal factor conductual de la desaparición forzosa «ya que con ella se inicia la ejecución de este ilícito»; adicionalmente, en la privación de libertad no es necesaria la ejecución de un método o una modalidad concreta para la comisión de esta conducta, únicamente se requiere que la víctima sea privada de su libertad[17].

---

14   Resolución AG/RES. 666 (XIII-0/83). Resolución aprobada en la séptima sesión plenaria, celebrada el 18 de noviembre de 1983. p. 73.

15   Declaración sobre la protección de todas las personas contra las desapariciones forzadas. Aprobada por la Asamblea General en su resolución 47/133 de 18 de diciembre 1992. p .1.

16   Taibi Sferrazza, P. (2019). «La definición de la desaparición...», *op. cit.*, p. 133.

17   Taibi Sferrazza, P. (2019). «La definición de la desaparición...», *op. cit.*, p. 137.

En cuanto a su definición, los instrumentos internacionales han hecho alusión a este elemento bajo diversos enfoques. Tanto la DPPDF y la CIPPDF incluyen la terminología como parte constituyente de la definición de desaparición forzada, así la DPPDF especifica que «se arreste, detenga o traslade contra su voluntad a las personas, o que éstas resulten privadas de su libertad de alguna otra forma»[18] y la CIPPDF «el arresto, la detención, el secuestro o cualquier otra forma de privación de liberta»[19]. A demás, el ER también se encuentra alineado con la anterior definición, al considerar el arresto, la detención y el secuestro como los tres tipos de acciones diferenciadas que privan de la libertad a una persona[20]. En esta línea, se comprende por el término «arresto» a la «detención provisional del acusado en un asunto penal»[21], por «detención» a la «privación provisional de la libertad, ordenada por una autoridad competente»[22] y «secuestro» a la «acción y efecto de secuestrar»[23], esto es, «retener indebidamente a una persona para exigir dinero por su rescate, o para otros fines»[24].

Sin embargo, y conforme a lo reseñado por Taibi Sferrazza[25], las anteriores definiciones han sido ampliamente criticadas por su falta de precisión y la inexistencia de una lista exhaustiva de conductas privativas de libertad, estable-

---

18 Declaración sobre la protección de todas las personas contra las desapariciones forzadas. Aprobada por la Asamblea General en su resolución 47/133 de 18 de diciembre 1992. p .1.

19 Convención Internacional para la Protección de todas las Personas contra las Desapariciones Forzadas. Fondo de las Naciones Unidas para la Infancia (UNICEF). 2010, https://www.ohchr.org/es/instruments-mechanisms/instruments/international-convention-protection-all-persons-enforced

20 Estatuto de roma de la Corte Penal internacional (documento A/CONF.183/9). Secretaría General de las Naciones Unidas. 17 de julio de 1998, p. 30.

21 REAL ACADEMIA ESPAÑOLA. (s.f.-a). «Arresto». Recuperado el 10 de septiembre de 2022, de https://dle.rae.es/arresto?m=form

22 REAL ACADEMIA ESPAÑOLA. (s.f.-c). «Detención». Recuperado el 10 de septiembre de 2022, de https://dle.rae.es/detención?m=form

23 REAL ACADEMIA ESPAÑOLA. (s.f.-e). «Secuestro». Recuperado el 10 de septiembre de 2022, de https://dle.rae.es/secuestro?m=form

24 REAL ACADEMIA ESPAÑOLA. (s.f.-d). «Secuestrar». Recuperado el 10 de septiembre de 2022, de https://dle.rae.es/secuestrar?m=form

25 TAIBI SFERRAZZA, P. (2019). «La definición de la desaparición...», *op. cit.*, p. 137.

ciéndose la CIDFP como el único instrumento internacional en emplear una fórmula más amplia, el cual consolida la siguiente definición:

> Cualquier forma de detención, encarcelamiento, institucionalización, o custodia de una persona, por razones de asistencia humanitaria, tratamiento, tutela, protección, o por delitos e infracciones a la ley, ordenada por o bajo el control de facto de una autoridad judicial o administrativa o cualquier otra autoridad, ya sea en una institución pública o privada, en la cual no pueda disponer de su libertad ambulatoria. Se entiende entre esta categoría de personas, no sólo a las personas privadas de libertad por delitos o por infracciones e incumplimientos a la ley, ya sean éstas procesadas o condenadas, sino también a las personas que están bajo la custodia y la responsabilidad de ciertas instituciones, tales como: hospitales psiquiátricos y otros establecimientos para personas con discapacidades físicas, mentales o sensoriales; instituciones para niños, niñas y adultos mayores; centros para migrantes, refugiados, solicitantes de asilo o refugio, apátridas e indocumentados; y cualquier otra institución similar destinada a la privación de libertad de personas[26].

1.2.2. Denegación de información

Según Taibi Sferrazza[27], se entiende como denegación a la negativa u ocultamiento de la privación de libertad o de la información sobre la suerte y el paradero de la víctima, permitiendo diferenciarla del secuestro o la detención ilegal.

La denegación de información representa la segunda fase de la desaparición forzada, debido a que los instrumentos internacionales la consideran como una acción ejecutada tras la privación de la libertad; así, la CIPPDF, en su art. 2, hace uso de la expresión «seguida de» mientras que la DPPDF utiliza el sintagma «que luego»; por otra parte, y dependiendo

---

26   Convención interamericana sobre desaparición forzada de personas. Adoptada en Belém do Pará, Brasil, el 9 de junio de 1994, en el vigésimo cuarto período ordinario de sesiones de la Asamblea General de Organización de los Estados Americanos. p. 2.

27   TAIBI SFERRAZZA, P. (2019). «La definición de la desaparición...», *op. cit.*, p. 141.

el caso, es posible que la privación de la libertad y la denegación de la información coexistan desde su inicio con el objetivo de ocultar el paradero de la víctima.

Desde un aspecto práctico, la denegación de información puede llevarse a cabo mediante diversas vías, siendo recurrente la ocultación intencionada de información impidiendo a los interesados el conocimiento, bien sea mediante la destrucción de las fuentes de información o la entrega de información falsa o tergiversada; en todos estos supuestos se enmarca la conducta de la denegación de información[28].

1.2.3. El sujeto activo

Las primeras manifestaciones y perspectivas de la desaparición forzosa se encontraban asociadas a los delitos gubernamentales, esto es, delitos cuyo sujeto activo era el Estado; como ejemplo de ello, puede reseñarse la desaparición de 30.000 personas bajo el régimen militar acontecido en Argentina entre los años 1976 y 1983[29], o los 20.329 individuos desaparecidos entre 1980 y 2000 en Perú según el Ministerio de Cultura de Perú (2018). Si bien es cierto que a lo largo de la historia ciertos regímenes totalitarios y represores promovían y ejecutaban las desapariciones, actualmente pueden deberse a otros escenarios donde tienen cabida agentes no estatales como, por ejemplo, guerrillas, terrorismo u organizaciones criminales, abriendo consigo un amplio abanico de perfiles de sujetos activos.

Antes de abordar las diferentes clases de agentes implicados en las desapariciones forzosas, resulta ineludible acudir a los principales instrumentos internacionales para conocer como el sujeto activo ha sido regulado en cada uno de ellos.

En este sentido, encontramos una primera definición en el preámbulo de la DPPDF, la cual considera que la desaparición forzosa puede ser cometida «por agentes guberna-

---

28   ANDREU-GUZMÁN, F. (2001). *El Proyecto de Convención...*, *op. cit.*, p. 82.

29   JEFATURA DE GABINETE DE MINISTROS. (2021). «En SEDRONAR "plantamos memoria" por los 30.000 desaparecidos durante la última dictadura cívico militar...»

mentales de cualquier sector o nivel, por grupos organizados o por particulares que actúan en nombre del gobierno o con su apoyo directo o indirecto, su autorización o su asentimiento»[30]. La CIDFP, en su art. 2, estima que la desaparición forzosa puede estar cometida por «agentes del Estado o por personas o grupos de personas que actúen con la autorización, el apoyo o la aquiescencia del Estado», seguidamente, en el art. 3 especifica que los Estados Partes tomarán las medidas apropiadas para investigar sobre las conductas definidas en el artículo 2 que sean obra de **personas o grupos de personas que actúen sin la autorización, el apoyo o la aquiescencia del Estado**, y para procesar a los responsables.

Por último, el ER considera que la desaparición forzosa puede ser ejecutada por «un Estado o una organización política, o con su autorización, apoyo o aquiescencia»[31].

La puesta en común de las anteriores definiciones permite discernir los agentes estatales de los agentes no estatales, cuya diferencia radica en si el ejecutor es parte o no del gobierno de un país.

En el caso de los agentes estatales, el sujeto pertenece a la estructura del Estado[32]. Según el autor, existen dos clases de agentes estatales: los directos, que forman parte de la estructura orgánica del Estado y los indirectos que se corresponden a sujetos que actúan con la autorización del Estado; el análisis comparativo llevado a cabo por Ambos & Böhm[33], sobre legislación internacional en materia de desapariciones forzosas, no hace más que confirmar esta categorización al afirmar que el Estado puede ser el actor directo, o puede «ordenar, autorizar, consentir o apoyar a particulares o grupos de particulares», existiendo, por tanto,

---

30 Declaración sobre la protección de todas las personas contra las desapariciones forzadas. Aprobada por la Asamblea General en su resolución 47/133 de 18 de diciembre 1992. p .1.

31 Estatuto de roma de la Corte Penal internacional (documento A/ CONF.183/9). Secretaría General de las Naciones Unidas. 17 de julio de 1998, p. 6.

32 Taibi Sferrazza, P. (2019). «La definición de la desaparición...», *op. cit.*, p. 155.

33 Ambos, K., & Böhm, M. L. (2009). *La desaparición forzada...*, *op. cit.*, p. 229.

un consenso de que el delito pueda ser cometido tanto por agentes estatales como agentes particulares que, aunque no sean parte constituyente del Estado, actúan en vinculación con el mismo.

En relación con la intencionalidad de los actos, la definición de agente estatal abarca todo tipo de motivos, como pueden ser: «motivos políticos, raciales, étnicos, o religiosos; desapariciones forzadas por razones de "limpieza social" y el "abuso de poder"»[34]. En el contexto de motivos políticos y abuso de poder, cabe mencionar que en las dictaduras latinoamericanas las desapariciones forzadas se dieron fundamentalmente en manos de agentes estatales[35].

Por otra parte, el art. 3 de la CIPPDF contempla la posibilidad de que los sujetos activos «actúen sin la autorización, el apoyo o la aquiescencia del Estado»[36], conceptualizando así la categoría de agentes no estatales sin vinculación aparente con el Estado. Los agentes no estatales representan el conjunto de actores analizados en el presente libro, con especial mención a los denominados agresores duales (véase capitulo IV).

1.3. Desapariciones de menores en España

Según los datos estadísticos recogidos en el *informe anual de personas desaparecidas*[37], en el año 2022 han sido registradas 17.018 denuncias de menores desaparecidos, siendo los menores con edades comprendidas entre los 13 y 17 años el conjunto demográfico con mayor incidencia de casos, abarcando 16.439 denuncias registradas de un total de 26.003 (figura 3).

---

34 Andreu-Guzmán, F. (2001). *El Proyecto de Convención…*, *op. cit.*, p. 85.

35 Ambos, K., & Böhm, M. L. (2009). «La desaparición forzada…», *op. cit.*, p. 225.

36 Convención interamericana sobre desaparición forzada de personas. Adoptada en Belém do Pará, Brasil, el 9 de junio de 1994, en el vigésimo cuarto período ordinario de sesiones de la Asamblea General de Organización de los Estados Americanos. p. 2.

37 Ministerio del Interior, Centro Nacional de Desaparecidos. (2023). *Informe anual personas desaparecidas…*, *op. cit.*, p. 43.

Figura 3: Denuncias totales de desaparecidos en España.

EDAD	DENUNCIAS
12 o menos	579
13 - 17	16.439
18 - 35	3.647
36 - 64	4.260
65 o más	1.078
TOTAL	**26.003**

Gráfico y tabla 12: Denuncias registradas
en 2022. Desglose por grupos de edad.
Fuente: Sistema PDyRH. CNDES

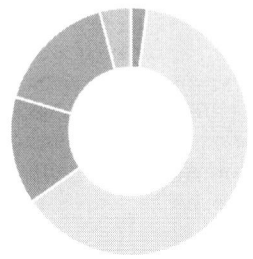

12 o menos	2,2%
13 - 17	63,2%
18 - 35	14,0%
36 - 64	16,4%
65 o más	4,1%

Fuente: informe anual de personas desaparecidas (Ministerio del Interior, Centro Nacional de Desaparecidos, 2023).

La desaparición de un menor bien sea voluntaria, involuntaria o forzosa, «se presume siempre de alto riesgo» según lo establecido en la Instrucción 1/2009, de 23 de abril, de la Secretaría de Estado de Seguridad, que recoge la debida actuación policial ante la desaparición de menores de edad y otras desapariciones de alto riesgo, añadiendo a su vez que:

> Las desapariciones de personas, principalmente las de menores de edad constituyen una preocupación social de primer orden, como lo demuestran tanto la capacidad de movilización ciudadana que de forma espontánea han venido generando los casos más dramáticos padecidos en los últimos años, como su exhaustivo seguimiento por los medios de comunicación[38].

En cuanto a las desapariciones forzosas, y conforme con los datos recogidos en el último *Informe anual de personas desaparecidas*[39] existen en la actualidad 6.192 casos en activo, correspondiéndose el 47,4 % a menores de edad (figura 4); del conjunto de casos en activo, 99 están relacionados con desapariciones forzosas (figura 5).

---

38   Ministerio del Interior. (2009). *Instrucción 1/2009...*, *op. cit.*, p. 2.

39   Ministerio del Interior, Centro Nacional de Desaparecidos. (2023). *Informe anual personas desaparecidas...*, *op. cit.*, pp. 48-51.

Figura 4: Denuncias en activo en España por edad.

Grupos de edad

EDAD	TOTAL
12 o menos	264
13 - 17	2.672
18 - 35	1.412
36 - 64	1.390
65 o más	444
Sin determinar en denuncia	10
TOTAL	6.192

Gráfico 26: Denuncias activas totales,
desglose por grupos de edad
Fuente: Sistema PDyRH. CNDES.

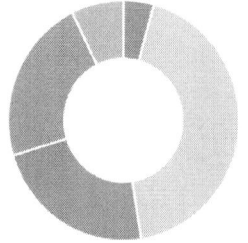

12 o menos	4,3%
13 - 17	43,2%
18 - 35	22,8%
36 - 64	22,4%
65 o más	7,2%
Sin determinar en denuncia	0,2%

Fuente: informe anual de personas desaparecidas (Ministerio
del Interior, Centro Nacional de Desaparecidos, 2023).

Figura 5: Denuncias en activo en España por tipología.

Tipología

TIPO	DENUNCIAS
Sin catalogar	2.434
Forzosa	99
Involuntaria	689
Voluntaria	2.970
TOTAL	6.192

Gráfico y tabla 21: Denuncias activas totales,
distribución por tipología de la desaparición
Fuente: Sistema PDyRH. CNDES.

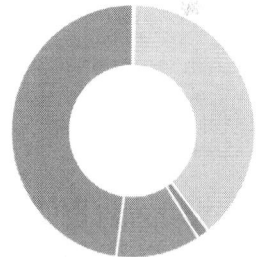

Sin catalogar	39,3%
Forzosa	1,6%
Involuntaria	11,1%
Voluntaria	48,0%

Fuente: informe anual de personas desaparecidas (Ministerio
del Interior, Centro Nacional de Desaparecidos, 2023).

En lo relativo a la distribución geográfica correspondiente al año 2021, el análisis llevado en la TD[40] ha revelado una mayor concentración de menores desaparecidos de manera forzosa en la comunidad valenciana (n = 16), seguido de la comunidad de Madrid (n = 14) y Andalucía (n = 9) (figura 6). Sin embargo, teniendo en consideración la tasa poblacional del año 2021 (INE)[41] para estimar el número de desapariciones forzosas de menores por cada 100.000 habitantes, Melilla se posiciona como la comunidad autónoma con mayor índice de desaparecidos seguido de Islas Baleares (tabla 1).

Figura 6: Desapariciones forzosas de menores (2021).

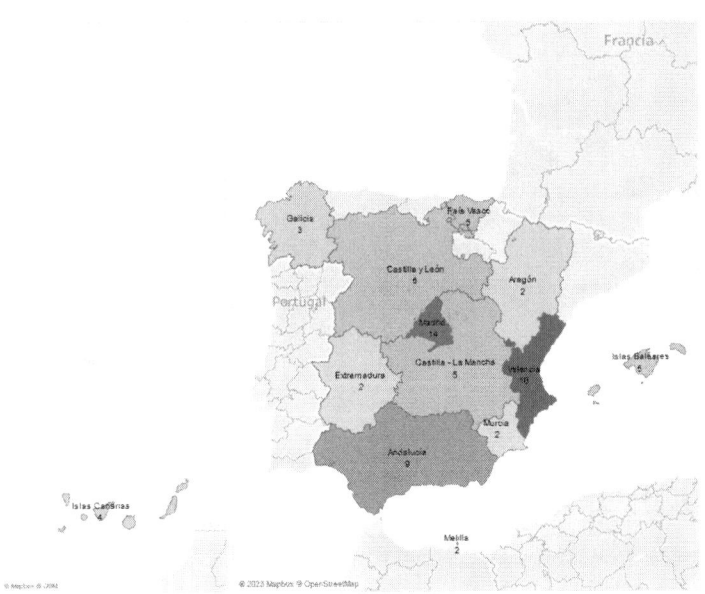

Fuente: Elaboración propia mediante la aplicación Tableau Desktop. Basado en base de datos confidencial del CNDES.

---

40 Gallo-Serpillo, F. (2023). *Estudio sobre la pornografía…, op. cit.*, pp. 227-236.

41 INE. https://www.ine.es/

Tabla 1: Desapariciones forzosas por cada 100.000 habitantes (2021).

Año	Comunidad Autónoma	Σ desaparecidos	Número de habitantes	Tasa de desapariciones por cada 10000 habitantes
2021	Andalucía	9	8.472.407	0,106
	Aragón	2	1.326.261	0,150
	Asturias	0	1.011.792	0
	Islas Baleares	5	1.173.008	0,426
	Islas Canarias	4	2.172.944	0,184
	Cantabria	0	584.507	0
	Castilla y León	5	2.383.139	0,209
	Castilla - La Mancha	5	2.049.562	0,243
	Cataluña	0	7.763.362	0
	Valencia	16	5.058.138	0,316
	Extremadura	2	1.059.501	0,188
	Galicia	3	2.695.645	0,111
	Madrid	14	6.751.251	0,207
	Murcia	2	1.518.486	0,131
	Navarra	0	661.537	0
	País Vasco	5	2.213.993	0,225
	La Rioja	0	319.796	0
	Ceuta	0	83.517	0
	Melilla	2	86.261	2,318

Fuente: Elaboración propia. Basado en base de datos confidencial del CNDES y estadísticas públicas del INE.

Con relación al año 2022, se observa una mayor concentración de menores desaparecidos en la comunidad de Castilla-La Mancha (n = 14), seguido de Valencia (n = 9), Madrid (n = 6) y Andalucía (n = 6) (figura 7). Considerando la tasa poblacional a 1 de enero de año 2022 (INE)[42] para estimar el número de desapariciones forzosas por cada 100.000 habitantes, Castilla-La Mancha se posiciona como la comunidad autónoma con mayor índice de desaparecidos seguido de La Rioja (tabla 2).

Figura 7: Desapariciones forzosas de menores (2022).

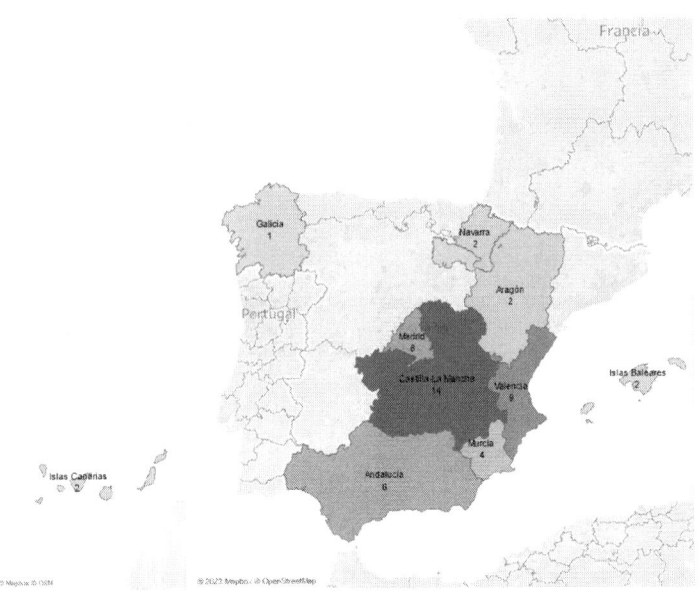

Fuente: Elaboración propia mediante la aplicación Tableau Desktop. Basado en base de datos confidencial del CNDES.

---

42   INE. https://ine.es/prensa/cp_j2022_p.pdf

Tabla 2: Desapariciones forzosas por cada 100.000 habitantes (2022).

Año	Comunidad Autónoma	Σ desaparecidos	Número de habitantes	Tasa de desapariciones por cada 10000 habitantes
2022	Andalucía	6	8.519.107	0,070
	Aragón	2	1.314.159	0,152
	Asturias	0	1.006.234	0
	Islas Baleares	2	1.223.980	0,163
	Islas Canarias	2	2.252.237	0,088
	Cantabria	0	584.368	0
	Castilla y León	0	2.376.687	0
	Castilla - La Mancha	14	2.049.980	0,682
	Cataluña	0	7.679.192	0
	Valencia	8	5.072.550	0,157
	Extremadura	0	1.053.317	0
	Galicia	1	2.691.456	0,037
	Madrid	6	6.769.373	0,088
	Murcia	4	1.522.516	0,262
	Navarra	2	659.155	0,30
	País Vasco	0	2.176.918	0
	La Rioja	1	315.916	0,316
	Ceuta	0	82.513	0
	Melilla	0	83.236	0

Fuente: Elaboración propia. Basado en base de datos confidencial del CNDES y estadísticas públicas del INE.

II.

PORNOGRAFÍA INFANTIL EN LÍNEA

A continuación, se exponen los conceptos clave que permiten contextualizar la tenencia, consumo y distribución de pornografía infantil en Internet, un conjunto de conductas delictivas multifactoriales con una alta capacidad de adaptación ante los paradigmas sociales emergentes.

2.1. ¿Qué entendemos con pornografía?

Diversas investigaciones apuntan a que el término «pornografía» tiene una génesis milenaria; en este sentido, y si bien la etimología señala un innegable origen griego bajo la unión del sustantivo «pornê», que designa a las prostitutas, y el verbo «graphein», que significa el acto de escribir o actuar, también se evidencia un posible origen en el término «porneia» recogido en *La Biblia*, siendo una de sus traducciones la palabra «fornicación»[43].

¿Pero qué ocurre con su definición? ¿Existen también imprecisiones o matices irreconciliables? lo cierto es que, aunque todos creamos tener clara sus acepciones, el término no está exento de continuos cambios y consecuentes debates, dando respuesta a los cambios de paradigmas sociales. En búsqueda de una base conceptual y casi por unanimidad, la descripción del término pornografía se reduce a cualquier representación cuyo contenido ha de ser explícitamente sexual, sin embargo, y para considerar esta definición como certera, debemos combinarla con otros elementos clave,

---

43 Brzozowski, J. (2020). «Fornication and other "awful sins" …», *op. cit.*, pp. 27-42.

esto es, por un lado la intención del agente pornográfico de excitar sexualmente a sus destinatarios, por otra parte que el contenido logre excitación sobre los destinatarios y, finalmente, la existencia de representaciones explícitamente sexuales[44].

Si bien la anterior definición cuenta con un amplio grado de aceptación, plantea una suerte de problemas conceptuales, epistemológicos y morales con respecto a la aplicación de sus elementos constituyentes, esto es debido a que sus criterios se encuentran sujetos a los estados emocionales (mentales o afectivos) del autor y el consumidor, y por tanto pueden considerarse subjetivos; en otras palabras, si una obra catalogada como pornográfica no excita sexualmente a determinadas facciones del público objetivo, o si hubiera conseguido su objetivo con anterioridad, ¿deja de ser considerada como material pornográfico?[45]; en este sentido, y para que pueda contemplarse como un criterio de valoración objetivo, resultaría necesario añadir una definición sobre perfil idóneo del cual se espera las reacciones emocionales definidas dentro del ámbito de la pornografía.

Por último, no debemos olvidar que la descripción del término está sujeta a un conjunto de límites legales contemplados bajo la jurisprudencia aplicada en cada país y los términos establecidos por las fuerzas del orden; de esta manera, y a pesar de que no existe un concepto legal de pornografía en España, las conductas derivadas entre adultos no incurren en infracciones penales puesto que a priori guardan relación con la libertad de expresión, producción y creación artística, literaria y técnica, recogida en el artículo 20 de la Constitución Española; por el contrario, son constitutivas de delito cuando está involucrado un colectivo vulnerable, como es el caso de menores o personas discapacitadas como sujetos pasivos.

En el mismo sentido, Interpol describe a la pornografía como «un término utilizado para adultos que realizan actos sexuales consentidos y distribuidos casi siempre de forma lícita al público en general para su disfrute sexual» haciendo especial énfasis en que si existen niños implicados no puede considerarse como pornografía sino como abuso y delito[46].

---

44   MALEN, J. F. (1992). «Acerca de la pornografía», *op. cit.*, p. 220.

45   RUWEN, O. (2006). *Pensar La Pornografia*, *op. cit.*, p. 55.

46   INTERPOL. (s.f.). *Terminología apropiada*. Interpol.

2.2. Sobre la pornografía infantil

Llegados a este punto, y ciñéndonos nuevamente al marco jurídico, resulta necesario hallar una definición sobre la pornografía infantil antes de abordar las conductas delictivas derivadas. Si partimos desde una perspectiva internacional, encontramos que las Naciones Unidas ha definido a la pornografía infantil como «toda representación, por cualquier medio, de un niño dedicado a actividades sexuales explícitas, reales o simuladas, o toda representación de las partes genitales de un niño con fines primordialmente sexuales»[47], resultando una definición muy cercana a la otorgada por UNICEF, en su *Reunión de Seguimiento del II Congreso Mundial Contra la Explotación Sexual Comercial de Niños, Niñas y Adolescentes*, del año 2004.

En el ámbito europeo, resulta primordial destacar la definición sobre pornografía infantil recogida en el art. 9 de la Convención sobre el Cibercrimen, en la cual se considera material pornográfico aquello que contenga una representación visual de:

«a) Un menor comportándose de una forma sexualmente explícita;

b) una persona que parezca un menor comportándose de una forma sexualmente explícita;

c) imágenes realistas que representen a un menor comportándose de una forma sexualmente explícita»[48].

Por otro parte, el Consejo de Europa ha enfocado sus esfuerzos para lograr una homogeneización de las legislaciones penales de los Estados miembros a través de la Directiva 2011/93/UE de 13 de diciembre[49], relativa a la lucha contra

---

47   Anexo II de los Protocolos facultativos de la Convención sobre los Derechos del Niño relativos a la participación de niños en los conflictos armados y a la venta de niños, la prostitución infantil y la utilización de niños en la pornografía, de 16 de mayo de 2000 (A/54/L.84).

48   Instrumento de Ratificación del Convenio sobre la Ciberdelincuencia, hecho en Budapest el 23 de noviembre de 2001. Boletin Oficial Del Estado (BOE). 1-50 *passim*. https://www.boe.es/boe/dias/2010/09/17/pdfs/BOE-A-2010-14221.pdf.

49   Directiva 2011/93/ue del parlamento europeo y del consejo de 13 de diciembre de 2011 relativa a la lucha contra los abusos sexuales y la explotación sexual de los menores y la pornografía infantil y por la

los abusos sexuales y la explotación sexual de los menores y la pornografía infantil, y por la que se sustituye la Decisión marco 2004/68/JAI del Consejo de 22 de diciembre de 2003.

En materia de legislación española, encontramos un primer esbozo de definición en STS 3 noviembre 2009 (RJ 2009,7828) donde se adopta la terminología recogida en el apartado c) del art. 2 del *Protocolo Facultativo de la Convención sobre los Derechos del Niño* hecho en Nueva York el 25 de mayo de 2000 y ratificado por España según texto del BOE de 31 de enero de 2002:

> El objeto del delito ha de ser material pornográfico, entendiendo por tal toda representación por cualquier medio de un menor de edad dedicado a actividades sexuales explícitas, reales o simuladas, o toda representación de sus partes genitales con fines primordialmente sexuales[50].

Si bien la diversidad de criterios vuelve a radicar una vez más en las jurisprudencias adoptadas en cada país y las bases reguladoras en las cuales se sustentan, el principal foco de debate continúa recayendo en la delimitación del término «menor de edad», pudiendo encontrarse bajo esta agrupación la categoría de «niño» o «adolescente»; para dar respuesta a ello, el artículo primero de la *Convención sobre los Derechos del Niño*[51], aprobada por la Asamblea General de las Naciones Unidas en 1989, y ratificada en el Boletín Oficial del Estado, número 313, define como niño «a todo ser humano menor de dieciocho años, salvo que, en virtud de la ley que le sea aplicable, haya alcanzado antes la mayoría de edad»[52], y en el ámbito nacional, la Constitución Española, en su artículo 12, fija idénticos criterios al establecer que «los españoles son mayores de edad a los dieciocho años».

---

que se sustituye la decisión marco 2004/68/JAI de. Diario Oficial de La Unión Europea, L 335, p. 7. https://eur-lex.europa.eu/legal-content/ES/TXT/PDF/?uri=CELEX:32011L0093.

50 Sentencia del Tribunal Supremo [STS] RJ\2009\7828, de 3 de noviembre de 2009, p. 5.

51 Convención sobre los Derechos del Niño. Asamblea General de las Naciones Unidas. 20 de noviembre de 1989.

52 Instrumento de ratificación de la Convención sobre los Derechos del Niño, adoptada por la Asamblea General de las Naciones Unidas el 20 de noviembre de 1989. Boletin Oficial Del Estado (BOE). Jefatura Del Estado., 313, p. 38897.

Llegados a este punto cabe preguntarse ¿dónde se encuentra el límite legal para que una acción explícitamente sexual deje de considerarse pornografía infantil?

En virtud de despejar el interrogante, parecería natural ceñirse como respuesta a los dieciocho años, a partir de los cuales el sujeto pasivo pasa a considerarse mayor de edad, siendo esta la postura mayoritariamente aceptada tal como se manifiesta en los principales convenios y legislaciones internacionales como es el caso de la Directiva 2011/93/UE de 13 de diciembre[53]. No obstante, encontramos una nueva perspectiva del delito en el art. 9.3 de la *Convención Sobre Delincuencia en la Red*, celebrada el 23 de noviembre de 2001 en el seno del Consejo de Europa[54], que establece la posibilidad de reducir hasta los dieciséis años la edad límite en la consideración de actos de pornografía infantil, tratándose por tanto de una directriz afín a lo regido en art. 189 del Código Penal español en su apartado 2, donde se especifica que incurrirán en infracciones penales aquellas personas que hubieren utilizado menores de 16 años o vulnerabilidad por razón de enfermedad, discapacidad o por cualquier otra circunstancia, «siempre que se utilicen de menores reales, por su propia configuración, por lo que, no podrá integrarse por pornografía virtual o técnica»[55].

Esta diferenciación pareciera generar una brecha de desigualdad para aquellos menores cuyas edades se encuentren comprendidas entre los 16 y los 18 años, una distinción que encuentra diversas posiciones críticas, pues se entiende que, hasta los 18 años, no ha de establecerse subcategorías posibles que habiliten la relación con un mayor de edad[56].

---

53   Directiva 2011/93/ue del parlamento europeo y del consejo de 13 de diciembre de 2011 relativa a la lucha contra los abusos sexuales y la explotación sexual de los menores y la pornografía infantil y por la que se sustituye la decisión marco 2004/68/JAI del Consejo.

54   Convención sobre delincuencia en la red, celebrada en el seno del Consejo de Europa el 23 de noviembre de 2001 —*vid.* de igual forma el «Informe Preparatorio de la Convención sobre delincuencia en la red» (Explanatory Report of Convention on Cybercrime) del Consejo de Europa, adoptado el 8 de noviembre de 2001—.

55   Circular 2/2015, de 19 de junio, sobre los delitos de pornografía infantil tras la reforma operada por Ley Orgánica 1/2015. Fiscalía General Del Estado. Boletín Oficial Del Estado (BOE)., p. 13. https://www.boe.es/buscar/abrir_fiscalia.php?id=FIS-C-2015-00008.pdf.

56   BLANCHARD *et al.* (2009) «Pedophilia, hebephilia...», *op. cit.*, pp. 347-349.

2.3. Pornografía infantil en Internet

El apogeo de la producción comercial de pornografía infantil en el mundo occidental se sitúa en la década de los años setenta; en aquellos años, Dinamarca, Holanda y Suecia constituían los principales centros de producción[57], mientras que en la década de los años ochenta comienzan a impulsarse medidas legislativas con el objetivo de prohibir la producción, venta y distribución de material relacionado con la pornografía infantil.

Desde los años noventa hasta la actualidad, las nuevas tecnologías se impusieron como elemento fundamental de interacción social, siendo cada vez más frecuente la comisión de delitos relacionados con la pornografía infantil a través de diversos servicios web; como respaldo ante esta premisa, entre el 2005 y el 2009 el centro NMEC de los Estados Unidos de América reportó un incremento del 432 % en pornografía infantil[58]; por su parte, para el año 2013, Internet Watch Foundation de Reino Unido (en adelante, IWF), organización benéfica constituida por un grupo de expertos mundiales en abordar las imágenes de abuso sexual infantil en Internet y eliminarlas de Internet, confirmó la existencia de 13.182 páginas web que contenían imágenes de abuso sexual infantil[59], actualmente, en su último informe correspondiente al año 2021 fueron reportadas un total de 252.194 páginas web[60].

2.3.1. Definición de pornografía infantil en Internet

El cambio de paradigma que trae consigo el uso de las tecnologías de la información y de las comunicaciones ha propiciado un conjunto de adaptaciones parciales en los

---

57   Morales, F. (2002). «Pornografía infantil e Internet. ...». https://www.uoc.edu/in3/dt/20056/index.html

58   U.S. Department of Justice. (2010). *The National Strategy for Child Exploitation Prevention and Interdiction. 166.* https://www.justice.gov/psc/file/842411/download

59   Internet Watch Foundation. (2013). *Internet Watch & Charity Annual Foundation Report 2013.*

60   Internet Watch Foundation. (2021). *Internet Watch & Charity Annual Foundation Report 2021.*

marcos legislativos nacionales e internacionales para incluir nuevos perfiles derivados del cibercrimen, así como también las correspondientes directrices de actuación. Por su parte, la Directiva 2011/93/UE en su art. 2 letra c) inciso III, relativa a la lucha contra los abusos sexuales y la explotación sexual de los menores y la pornografía infantil, hace referencia a la pornografía infantil como «todo material que represente de forma visual a una persona que parezca ser un menor participando en una conducta sexualmente explícita real o simulada o cualquier representación de los órganos sexuales de una persona que parezca ser un menor»[61] dejando constancia de la naturaleza virtual del material pornográfico infantil, tras lo cual recoge y delimita dos escenarios de infracción penal con respecto a este tipo de contenidos; por una parte, bajo el art. 18, se especifica que «debe tipificarse como infracción penal el acceso a sabiendas, mediante tecnologías de la información y la comunicación, a pornografía infantil»[62] y para ello, el sujeto activo debe tener intenciones claras de acceder a servicios web de pornografía infantil que contengan material multimedia; por otro lado, se contempla en el artículo 18 el supuesto donde exista un embaucamiento de menores con fines sexuales en el contexto de Internet.

En total consonancia con lo anterior, la modificación del Código Penal español (en adelante, CP) correspondiente al 31 de marzo del 2015, en su art. 189 capítulo 1 letra a), se hace eco de la definición dada por la directriz 2011/93/UE detallando que se considerará pornografía infantil:

> Todo material que represente de forma visual a una persona que parezca ser un menor participando en una conducta sexualmente explícita, real o simulada, o cualquier representación de los órganos sexuales de una persona que parezca ser un menor, con fines principalmente

---

61   Directiva 2011/93/ue del parlamento europeo y del consejo de 13 de diciembre de 2011 relativa a la lucha contra los abusos sexuales y la explotación sexual de los menores y la pornografía infantil y por la que se sustituye la decisión marco 2004/68/JAI del Consejo. p. 7.

62   Directiva 2011/93/ue del parlamento europeo y del consejo de 13 de diciembre de 2011 relativa a la lucha contra los abusos sexuales y la explotación sexual de los menores y la pornografía infantil y por la que se sustituye la decisión marco 2004/68/JAI del Consejo. p. 8.

sexuales, salvo que la persona que parezca ser un menor resulte tener en realidad dieciocho años o más en el momento de obtenerse las imágenes[63].

En su afán de aclarar conceptos relacionados con la pornografía infantil y facilitar la correcta interpretación del artículo 189 del CP, se incluye el término «pornografía técnica» y «pornografía virtual» en la Circular 2/2015, de 19 de junio, tras la reforma operada por Ley Orgánica 1/2015, haciendo alusión con pornografía técnica «a aquel material que se integra por imágenes en las que aparecen personas presentadas como menores en un contexto sexual»[64], mientras que pornografía virtual hace referencia a aquella en que la imagen del menor es una creación artificial pero realista, elaborada por el ordenador o por otro medio, tratándose por tanto de imágenes pornográficas donde los menores no se encuentran involucrados en actos de abuso sexual[65].

2.3.2. Presencia de pornografía infantil en Internet

El temor por el desarrollo exponencial de la pornografía infantil ha inquietado a investigadores, autoridades y padres de familia, quienes argumentan que su incremento en los últimos años está estrechamente relacionado con la utilización de las TIC, tal es así que la Directiva 2011/93/UE en su art. 3 hace especial hincapié en que «la pornografía infantil (…) y otras formas especialmente graves de abusos sexuales y explotación sexual de la infancia está aumentando y extendiéndose con el uso de las nuevas tecnologías e Internet»[66], y si bien es cierto que las conductas ilícitas derivadas de la pornografía infantil ya existían antes de la aparición de Internet, no cabe duda de que los medios tecnológicos suponen un cauce idóneo para para la producción, venta y distribución de pedofilia, así como también para la captación de meno-

---

63 Código Penal [CP]. art. 189. 05 de junio de 2021 (España)).

64 Circular 2/2015, de 19 de junio, sobre los delitos de pornografía infantil tras la reforma operada por Ley Orgánica 1/2015. p. 4.

65 CLOUGH, J. (2015). *Principles of Cybercrime*, *op. cit.*, p. 314.

66 Directiva 2011/93/ue del parlamento europeo y del consejo de 13 de diciembre de 2011 relativa a la lucha contra los abusos sexuales y la explotación sexual de los menores y la pornografía infantil y por la que se sustituye la decisión marco 2004/68/JAI del Consejo. p. 1.

res debido, en gran parte, a «la desinhibición que facilita el anonimato en la red y el fácil acceso al material pedófilo que ofrece la estructura y naturaleza de Internet»[67]; la pornografía infantil en Internet se ha convertido así en una gran industria del delito cuya producción y distribución de imágenes pornográficas criminales asociadas al abuso de menores «podría representar un negocio de hasta 20.000 millones de dólares por año»[68].

En cuanto a los principales medios de difusión de pornografía infantil en Internet, cabe señalar que históricamente, y hasta entrado el siglo XXI, ha existido una mayor prevalencia en páginas web por encima de otros medios de distribución digital[69], puesto que el desarrollo y alojamiento web proporciona una forma idónea de visibilizar y difundir contenido a un bajo coste y escasa complejidad. A medida que el volumen de usuarios conectados a Internet fue en aumento, y con ello la demanda de cómputo y almacenamiento para la distribución de contenido online, las denominadas redes *P2P* ganaron un mayor protagonismo, entendiéndose como redes *P2P* a un conjunto sistemas globales, públicos y descentralizados utilizados por millones de personas para adquirir y compartir, de forma gratuita, ficheros digitales que tienen en su poder[70].

Para el siguiente decenio, las redes *P2P*, junto a la red *Tor*, sobre la cual se ahondará más adelante, se convertirían en elementos claves para la distribución de pornografía infantil debido a su uso público y gratuito; bajo esta premisa y haciendo mención al *informe 2010 del flujo de material de pornografía infantil online* emitido por la Fundación Alia2, España se ha situado como el segundo país en generar un mayor movimiento de pornografía infantil dentro de las redes P2P[71] (figura 8); a día de hoy, este sistema de transmisión de ficheros sigue representado uno de los principales medios de

---

67 GARCÍA HERNÁNDEZ, G. (2013). «La protección de la infancia...», *op. cit.*, p. 93.

68 PARRA GONZÁLEZ, A. (2016). «Pornografía Infantil», *op. cit.*, p. 23.

69 GARCÍA ROJO, J. C. (2001). «Pornografía infantil en internet», *op. cit.*, p. 1.

70 WOLAK, J., LIBERATORE, M., & LEVINE, B. N. (2014). «Measuring a year...», *op. cit.*, p. 348.

71 COTO, S. D., & FRANÇA TARRAGÓ, O. (2014). «Flujo de material pornográfico...», *op. cit.*, p. 56.

distribución de pornografía infantil, tal y como se especifica en el informe IOCTA (2021) emitido por Europol[72].

Figura 8: Media diaria de archivos de abuso infantil en P2P.

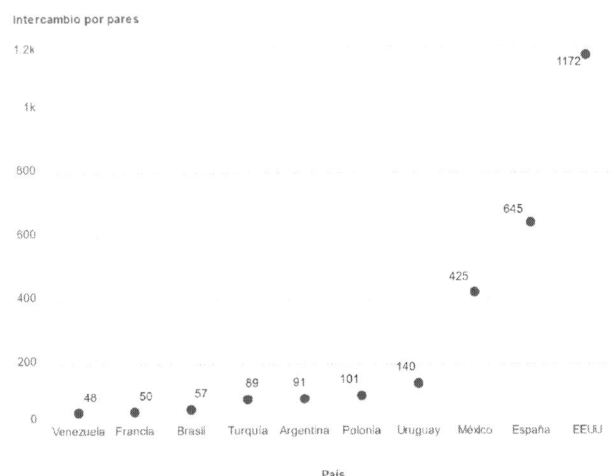

Fuente: Elaboración propia basada en el «Informe 2010 del flujo de material de pornografía infantil online» emitido por la Fundación Alia2, 2010.

Para finalizar, debemos contemplar el escenario delictivo de contacto con menores mediante tecnología. A diferencia aquellos delincuentes que abusan físicamente de niños, los delitos sexuales en Internet pueden implicar un acoso o violación sin contacto visual o físico, constituyendo un nuevo tipo de ofensa; si bien existen el exhibicionismo y voyerismo como antecedentes directos, el entorno sobre el cual se mueve el acosador ha cambiado, permitiendo al delincuente acceder a un gran abanico de víctimas sin salir de su residencia[73]. Bajo este escenario, el delincuente participa en un proceso de explotación, atracción y/o seducción de menores en el que busca generar confianza e introducir gradualmente contenido sexual con la intención de participar en activida-

---

72 EUROPOL. (2021). «Internet Organised Crime...», *op. cit.*, p. 25.
73 KLEIJN, M., & BOGAERTS, S. (2021). «Sexual Offending Pathways...», *op. cit.*, p. 2.

des sexuales con las víctimas. La principal vía de acceso al menor se corresponde a las redes sociales[74] incluyendo foros, chats y videojuegos en línea. Estos perfiles de depredadores sexuales en línea serán abordados en el capítulo tercero.

2.4. Pornografía infantil en *Dark Web*

2.4.1. ¿Qué es *Dark Web*?

Se estima que los servicios web a los cuales accedemos mediante el uso habitual Internet representan el 4 % de la totalidad de contenido presente en la red, mientras que el restante 96 % pertenece a los servicios ocultos[75], a la *Deep Web*. Estos servicios ocultos no son indexados por los buscadores habituales y solo puede accederse mediante software específico[76]. La siguiente figura representa, mediante la alegoría de un iceberg, el contenido ubicado en las diversas capas de Internet.

Figura 9: Capas de Internet.

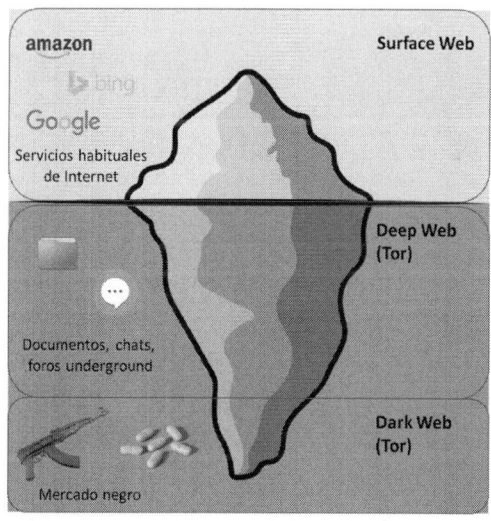

Fuente: Elaboración propia.

74   DeHart *et. al.* (2021). «Internet sexual solicitation…», *op. cit.*, p. 78.

75   Nazah *et al.* (2020). «Evolution of Dark Web…», *op. cit.*, p. 1.

76   Saleem *et al.* (2022). «The Anonymity of the Dark Web…», *op. cit.*, p. 1.

La «Surface Web» es la porción de internet cuyo contenido se encuentra públicamente accesible e indexado por los principales buscadores del mercado[77], mientras que tanto la «Deep Web», como por extensión la «Dark Web», hacen referencia a los servicios disponibles en *Tor, Freenet, I2P*, entre otros. Por otro lado, se entiende como *Dark Web* a un subconjunto de servicios *web* utilizados con propósitos ilícitos[78]; como parte de la red *Tor*, entre otros sistemas de anonimato, la *Dark Web* se compone de sitios que los navegadores web no pueden encontrar o indexar; en la comunidad de Tor, las páginas web alojadas en esta zona de internet son conocidas como «Hidden Services» (en adelante, HS).

El término *Dark Web* fue acuñado al principio del siglo XXI, siendo ampliamente utilizado en comunicación y el mundo académico desde entonces, y volviéndose aún más conocido tras el cierre de «Silk Road»[79].

Silk Road, como claro ejemplo del ecosistema digital en la *Dark Web*, fue el mercado electrónico más popular en el año 2011, especializado principalmente en el comercio de drogas y, en menor medida, en venta de software maliciosos, pasaportes, identidades, etc. En septiembre de 2013 el FBI cerró el sitio web, y su fundador, William Ulbricht, fue sentenciado a cadena perpetua en 2015 al haber recaudado más de trece millones de dólares mediante *Silk Road*; en el momento de la intervención del servicio online por parte del gobierno de los Estados Unidos de América, este contaba con 150.000 usuarios consumidores y cerca de 4.000 vendedores[80].

Por su parte, el European Monitoring Center for Drugs and Drug Addiction (en adelante, EMCDDA) y Europol (EMCDDA & Europol, 2017, p. 7) ha señalado que la *Dark Web* o *Dark Net* es «una manifestación de la naturaleza cada vez más compleja de la delincuencia organizada transnacional en la Unión Europea», englobando los tópicos ilícitos presentes

---

77 Rahayuda, I. G. S., & Santiari, N. P. L. (2017). «Crawling and cluster hidden web…», *op. cit.*, pp. 1-2.

78 Nabki, M. W. Al, *et al.* (2017). «Classifying illegal activities on tor network…», *op. cit.*, p. 35.

79 Khalafallah Alshammery, M., & Fadhil Aljuboori, A. (2022). «Crawling and Mining the Dark Web…», *op. cit.*, p.1340.

80 Lacson, W., & Jones, B. (2016). «The 21st century Dark Net market…», *op. cit.*, p.43.

en la red *Tor* bajo servicios de *darkmarkets*, *cryptomarkets*, *pastesites*, *wikis*, foros, chats y otros sistemas de mensajería instantánea.

Según el análisis publicado por EMCDDA, & Europol[81], dos tercios del contenido presente en *darkmarkets* o *cryptomarkets* en la *Dark Web* están orientados a la venta de drogas y otros compuestos químicos, en este sentido «los proveedores con sede en la UE son actores importantes en el ecosistema de la darknet (...) en el período 2011-2015, representaron alrededor del 46 % de todas las ventas de drogas (...) en los mercados darknet analizados». Con respecto al contenido restante, bien puede distribuirse en las categorías de pornografía (incluida la pornografía infantil), comunidades sobre discriminación racial (incluido el extremismo radical), venta de armas, servicios de sicariato y servicios de *crime-as-a-service* y *malware-as-a-service*, representando este último uno de los principales mercados en alza[82].

Un estudio empírico llevado a cabo por Owen & Savage[83], en el cual se han observado y analizado 80.000 *HS,* confirma lo expuesto por EMCDDA, & Europol, pues sitúa la venta de drogas como el principal mercado de la *Dark Web*, seguido por los servicios de hacking, pornografía, y en menor medida, la venta ilegal de armas; en lo relativo a la venta de estupefacientes, y conforme al estudio llevado a cabo por Baravalle *et al.*[84] mediante el uso de minería de datos aplicado sobre «Agora», uno de los *darkmarkets* más populares en *Dark Web*, el listado de países con mayor volumen de mercado en términos de bitcoin se encontraría encabezado por Alemania (17094,63 BTC), seguido de los Estados Unidos de América (13279,65 BTC) y Holanda (6500,61 BTC) (figura 10), sin embargo, es Estados Unidos de América el país con mayor tasa de usuarios vendedores (n = 388), por encima de Alemania (n = 74) y Holanda (n = 72) (figura 11).

81   EMCDDA, & EUROPOL. (2017). *Drugs and the darknet...*, *op. cit.*, p.10.

82   EUROPOL. (2021). «Internet Organised Crime...», *op. cit.*, p. 6.

83   OWEN, G., & SAVAGE, N. (2016). «Empirical analysis of Tor Hidden Services...», *op. cit.*, p. 114.

84   BARAVALLE, A., *et al.* (2016). «Mining the Dark Web...», *op. cit.*, p. 353.

Figura 10: Volumen de mercado en Agora darkmarket.

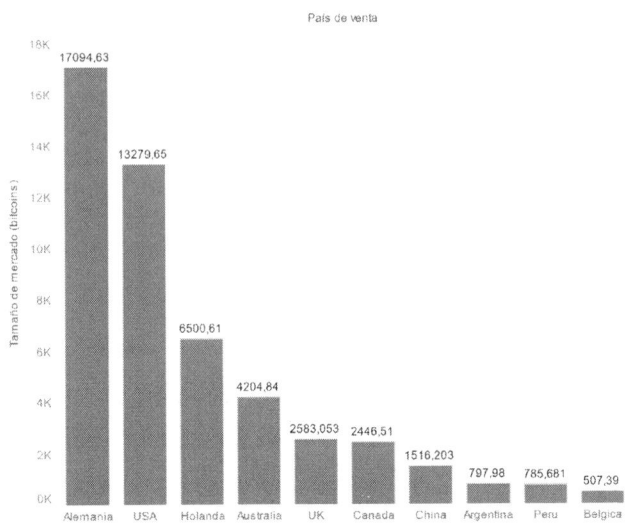

Fuente: Elaboración propia a partir de los datos extraídos del artículo Mining the Dark Web: Drugs and Fake Ids (Baravalle *et al.*, 2016).

Figura 11: Volumen de vendedores en Agora darkmarket.

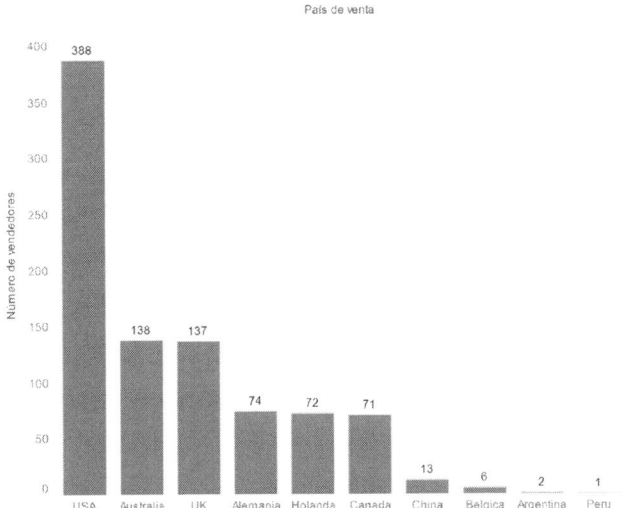

Fuente: Elaboración propia a partir de los datos extraídos del artículo Mining the Dark Web: Drugs and Fake Ids (Baravalle *et al.*, 2016).

Como puede apreciarse, una de las principales características de la *Dark Web* es el uso de criptomonedas como medio de transacciones económicas para sustentar un amplio mercado negro basado en venta de armas, identidades, drogas y otros contrabandos[85], así como también para facilitar también la adquisición de alojamientos, correos y dominios para la publicación de *HS*; el uso de criptomonedas, en particular *Bitcoin*, es ideal para los ciberdelincuentes, puesto que es una moneda eficiente para realizar transacciones transfronterizas, esto se debe a que no hay fluctuaciones monetarias ni tipos de cambio posibles[86], en contrapartida, pueden existir muchos inversores en criptomonedas para fines lícitos que no tengan constancia de que se está haciendo un uso indebido de las mismas para facilitar una amplia gama de actividades criminales presentes en la *Dark Web*[87].

Por último, cabe señalar que Europol[88] ha destacado un alto grado de fragmentación de usuarios en los últimos años, entendido como la itinerancia entre los servicios dispuestos en la *Dark Web* y aquellos complementarios presentes en la *Surface Web*; como ejemplo ilustrativo, el informe señaló que «el 70 % de los proveedores que parecían operar desde el país encuestado, incluyeron en su perfil de mercado de la *Dark Web* un nombre de usuario de Wickr, mientras que el 20 % incluyó la información de contacto de Telegram».

2.4.2. Presencia de pornografía infantil en *Dark Web*

Del conjunto de contenido ilícito presente en la *Dark Web*, la distribución y venta de pornografía infantil representa el segundo grupo de servicios ilícitos con mayor propagación tras la venta de drogas[89]. Según el informe Internet Organised Crime Threat Assessment[90] la proliferación de material

---

85 BARAVALLE, A., *et al.* (2016). «Mining the Dark Web...», *op. cit.*, p. 350.

86 KIRKPATRICK, K. (2017). «Financing the dark web...», *op. cit.*, p. 21.

87 AHVANOOEY, M. T., *et al.* (2021). «Do Dark Web and Cryptocurrencies», *op. cit.*, pp. 282-283.

88 EUROPOL. (2021). «Internet Organised Crime...», *op. cit.*, p. 36.

89 GUITTON, C. (2013). «A review of the available content on Tor...», *op. cit.*, p. 2811.

90 EUROPOL. (2021). «Internet Organised Crime...», *op. cit.*, p. 27.

relacionado con el abuso sexual a menores es una amenaza persistente en la *Dark Web*, siendo uno de sus principales medios de difusión los foros especializados; el uso de estas plataformas de interacción social no se limita a la difusión de material, sino que fomenta el intercambio de experiencias e ideas entre personas afines pudiendo llegar a compartir experiencias, métodos para cometer abusos y tácticas para evadir o entorpecer la detección por parte de las fuerzas de seguridad. Si bien los delitos relacionados con el abuso sexual infantil generalmente no se cometen con fines de lucro, la monetización de este tipo de contenidos comienza a manifestarse como una amenaza creciente; se estima que el ingreso anual de los *HS* destinados a la venta de pornografía infantil se ha triplicado entre 2017 y 2020.

En un estudio llevado a cabo por Owen & Savage[91] basado en el seguimiento de servicios en la *Dark Web* durante seis meses, se observó que más del 80 % de las solicitudes de tráfico de Tor a sitios ocultos estaban dirigidas a sitios conocidos de abuso infantil, por otro lado, los autores también reconocieron que los datos no conforman una representación precisa ya que las autoridades gubernamentales también acceden a sitios de pornografía infantil como parte de procesos de investigación, con lo cual resulta imposible determinar qué porcentaje del 80 % se corresponde a actividad policial y cuánto representa tráfico creado por un usuario particular.

Tal y como puede apreciarse, resulta complejo advertir el volumen de usuarios y contenido relacionado con pornografía infantil en la *Dark Web*, sin embargo, podemos encontrar aproximaciones en casos de investigación criminal. Como primer ejemplo ilustrativo del volumen de usuarios relacionados con la pornografía infantil encontramos que, en el año 2021, la Policía Criminal Federal alemana (Bundeskriminalamt), incluyendo a Europol y agencias de Australia, Canadá, los Países Bajos, Suecia y los Estados Unidos de América, lograron intervenir una plataforma de la *Dark Web* denominada «Boystown»; este servicio, centrado en el abuso sexual de niños, contenía 400.000 usuarios registrados cuando se procedió a su eliminación[92].

---

91 OWEN, G., & SAVAGE, N. (2015). «The Tor Dark Net...», *op. cit.*, p. 6.

92 EUROPOL. (2021). «4 arrested in takedown of dark web child abuse platform...».

Otro importante caso de estudio es recogido por Michael Chertoff[93]en referencia a un evento ocurrido en el año 2015. El FBI utilizó una herramienta de hacking para identificar direcciones IP pertenecientes a los usuarios que accedían a un *HS* de pornografía infantil denominado «Playpen». Un mes después del lanzamiento del servicio en 2014, *Playpen* contaba ya con 60.000 cuentas de usuario. Para el año 2015, habían alcanzado la cifra de 215.000 cuentas, 117.000 publicaciones y 11.000 visitantes únicos por semana. Para desarticular el servicio web, el FBI incautó el servidor *Playpen* y transfirió el sitio a un servidor del FBI bajo una orden emitida por un juez federal del Distrito Este de Virginia[94]. El FBI ejecutó *Playpen* fuera de su servidor del 20 de febrero al 4 de marzo de 2015, actuación no exenta de dudas en cuanto a la ética en el proceso de investigación pero que, por otra parte, permitió acceder a los ordenadores de 1000 usuarios de *Playpen* durante ese tiempo, pudiendo recoger así suficientes evidencias para presentar alrededor de 1500 casos contra personas que acceden a pornografía infantil en *Playpen*.

Figura 12: Página de acceso de la comunidad PlayPen.

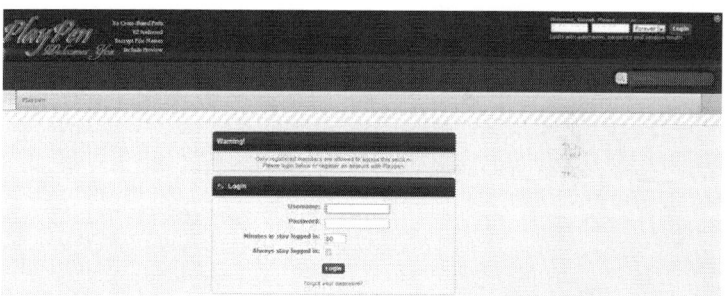

Fuente: https://www.europol.europa.eu/sites/
default/files/images/editor/login_page.jpg.

Finalmente, en el proceso de investigación de la TD se han ejecutado diversas consultas sobre el servicio Dark Search durante el año 2021, permitiendo extraer un amplio listado

---

93　Chertoff, M. (2017). «A public policy perspective of the Dark...», *op. cit.*, p. 10.

94　Satterfield, J. (2016). «FBI tactic in national child porn sting under attack...».

de *HS* relacionados con la posesión y distribución de material pedófilo; como resultado, se obtuvo un total de 30.927.210 páginas con presencia de pornografía infantil. En cuanto a la evolución del contenido, los datos no dejan margen a dudas sobre la constante expansión de este tipo de material en la red Tor; en este sentido, se ha registrado el mayor caudal de páginas con pornografía infantil en el cierre del año 2021, alcanzando un promedio total de 1.315.990 servicios indexados.

III.

CARACTERÍSTICAS SOCIODEMOGRÁFICAS DE PEDÓFILOS

Bajo el presente capítulo, se enumeran características sociodemográficas de dos perfiles asociados al abuso sexual infantil de menores en línea: pedófilos relacionados con la tenencia y distribución de pornografía infantil y pedófilos asociados con el abordaje online de menores. La exposición de estos perfiles atómicos resulta fundamental para comprender como un sujeto activo es capaz de trasgredir el umbral de lo digital para acometer un acto de secuestro (véase capítulo IV: Agresores duales y secuestro de menores).

3.1. Características generales del abuso sexual

Para comprender la fenomenología del delito debe tenerse en consideración que no todos los abusadores sexuales, incluidos pedófilos, son iguales ante sus modus operandi, objetivos sexuales y las estrategias empleadas, sin embargo, en términos sociales puede afirmarse que comparten rasgos comunes. A menudo, el conjunto de abusadores sexuales presenta distorsiones cognitivas, proyectando el comportamiento sexual hacia objetivos sexuales inaceptables, o lo que es lo mismo, prefieren formas antisociales de relación sexual ya que les provoca un mayor grado de excitación; es probable que tales preferencias antisociales como es el abuso de menores hayan sido generadas y consolidadas mediante la asociación reiterada entre la excitación sexual y los estímulos infantiles o violentos. Por otra parte, los delincuentes sexuales también presentan problemas a la hora de reflexionar sobre su conducta basada en el abuso o agresión; en este sentido, suelen presentar errores valorativos sobre el papel de la mujer en la sociedad, así como también la justificación de los actos violentos para satisfacer un apetito sexual o la apreciación de menores como parejas sexuales[95].

Según Redondo *et al.*[96], muchos individuos relacionados con abuso sexual presentan dificultades para comunicarse con otras personas careciendo, por tanto, de habilidades sociales para entablar relaciones y generar empatía hacia los sentimientos de otros individuos, mostrándose más ansiosos ante encuentros sociales; conforme a lo descrito por Martínez-Catena & Redondo[97], las características psicológicas que se encuentran más cercanas a un perfil pedófilo o pederasta se sitúan dentro de los problemas conocidos como «internalizantes», esto es, trastorno de ansiedad, sentimientos tristeza, fantasías sexuales desviadas, etc., a diferencia de las externalizantes como pueden ser hiperactividad, conductas violentas, tendencias antisociales.

En cuanto a la etiología, y teniendo siempre en consideración la diversidad de perfiles relacionados con el abuso sexual, existe un claro consenso sobre los elementos desencadenantes; el modelo propuesto por Marshall & Barbaree[98] como teoría integrada sobre el proceso de aprendizaje, la biología humana y los factores socio-culturales, expone una serie de elementos determinantes que influyen en la gestación de estos perfiles:

- Elementos biológicos: entendiéndose como aquellos factores inherentes al funcionamiento natural del hombre; por una parte, existe una la semejanza entre las células neurológicas-endocrinas que regulan la conducta sexual y aquellas encargadas de la conducta agresiva, y que a su vez, se encuentra relacionada con la secreción de la testosterona, ello conlleva a que el individuo debe aprender, mediante comportamiento social, a distinguir ambos escenarios; por otro lado, la propia naturaleza

---

95 Redondo *et al.* (2007). «El riesgo de reincidencia...», *op. cit.*, pp. 187-188.

96 Redondo *et al.* (2007). «El riesgo de reincidencia...», *op. cit.*, p. 189.

97 Martínez-Catena & Redondo (2016). «Etiología, prevención y tratamiento...», *op. cit.*, p. 21.

98 Marshall, W. L., & Barbaree, H. (1990). «An integrated theory of the etiology...», *op. cit.*, pp. 258-270.

inespecífica del impuso sexual de los seres humanos requiere un proceso de aprendizaje sobre el comportamiento adecuado en lo referente a parejas y contexto sexuales adecuados e inadecuados.

– Experiencia infantil: este factor se encuentra estrechamente relacionado una sociabilización pobre y/o a la violencia doméstica. La exposición a estas influencias genera una falta de confianza en el niño en su etapa de crecimiento, así también resentimiento y hostilidad. por otra parte, se encuentran aquellos que han sufrido experiencias traumáticas en su juventud; se entiende como experiencia traumática al abandono familiar, rechazo afectivo o abuso sexual, dando como resultado un alto impacto en la autoestima y las habilidades para relacionarse con su entorno. En conjunto, se espera siempre que estos niños acaben por convertirse en adultos insensibles que sólo se preocupan por su bienestar.

– Contexto sociocultural: la influencia de los padres es elemental en la infancia, sin embargo, los factores fuera de la familia comienzan a ser más influyentes a medida que el individuo crece. Los adolescentes absorben de diversos medios de comunicación todo tipo de mensajes socioculturales que pueden ser determinantes en aquellos momentos en los cuales buscan orientación fuera del núcleo familiar. Cuando la atención temprana no ha sido efectiva, el adolescente utilizará los contenidos que útiles a pesar de que estos no se correspondan con modelos adecuados de conducta.

– Factores transitorios: como ejemplo de este tipo de factores encontramos la desinhibición transitoria; por norma general, los agresores sexuales son capaces de reprimir sus necesidades hasta que existe la oportunidad de acometer sus deseos dentro de un marco de seguridad donde no puedan ser atrapados; en consecuencia, existen muchas circunstancias en las que es el propio delincuente quien desinhibe los delitos sexuales, pero algunas son producto de una influencia externa como puede ser el alcohol y es que gran parte de los delincuentes sexuales reportan el uso excesivo de alcohol como un factor facilitador ante el abuso sexual, aunque a menudo también puede ser utilizado como excusa.

3.2. Características generales del abusador de menores

En términos demográficos existe un cierto consenso en cuanto a los rasgos comunes de los pedófilos; por ejemplo, hay estudios que indican una mayor presencia de individuos de raza blanca, con edades comprendidas entre los 25 y 50 años; con respecto a las capacidades intelectuales, por norma general, los delincuentes asociados a la pornografía infantil tienen una inteligencia superior a la media[99].

En lo relativo a las preferencias sexuales ante menores de edad, estas pueden ser exclusiva de un género (niño o niña) o hacia ambos sexos. Según el Manual Diagnóstico y Estadístico de los Trastornos Mentales de la American Psychiatric Association[100], aquellas personas que se sienten atraídas por niñas, por lo general, enmarcan su preferencia de edad entre los 8 y 10 años, mientras que los individuos que tienen como foco sexual los niños los prefieren por encima de los 10 años.

La pedofilia es un fenómeno multifactorial donde influyen tanto elementos psicosociales como biológicos; entre los aspectos psicosociales, son los factores externos unos de los principales condicionantes en el desarrollo del abusador sexual infantil, esto es debido a que el estrés medioambiental es capaz de incrementar los impulsos y la necesidad de atacar a niños; a modo ilustrativo, los abusos sexuales en etapas tempranas del crecimiento son, por lo general, un elemento determinante en el desarrollo de la personalidad, esta relación se conoce como «ciclo víctima-abusador» o «fenómeno del abusador abusado»[101], característica común a todos los perfiles de abusadores sexuales, tal como exponen Marshall & Barbaree[102].

Por parte de los factores biológicos, los pedófilos presentan un conjunto de anomalías neurológicas relacionadas con

99   HOUTEPEN, J. A. B. M., *et al.* (2014). «From child pornography...», *op. cit.*, p. 2.

100   AMERICAN PSYCHIATRIC ASSOCIATION. (2000). *Diagnostic and statistical...*, *op. cit.*, p. 540.

101   BECERRA GARCÍA, J. A. (2009). «Etiology of pedophilia from...», *op. cit.*, p. 191.

102   MARSHALL, W. L., & BARBAREE, H. (1990). «An integrated theory of the etiology...», *op. cit.*, p. 261.

el desarrollo del sistema nervioso central; en este sentido, Pinillos[103] evidencia una disminución de la «sustancia gris en los circuitos frontoestriatales y en el estriado ventral», traduciéndose en la dificultad para inhibir conductas repetitivas tales como el trastorno obsesivo-compulsivo. También presentan notables diferencias en el sistema límbico y en la sustancia gris de estructuras encargadas del desarrollo del comportamiento sexual. Por último, se han hallado «asociaciones negativas entre la pedofilia y los volúmenes de la sustancia blanca bilateral de los lóbulos parietales y temporales, notándose una clara diferenciación en la sustancia blanca, en fascículos que conectan regiones corticales que responden a señales sexuales».

Respecto al proceso de ejecución de la parafilia relacionada con menores de edad, existe una gran variabilidad de actos sexuales que pueden devenirse de la pedofilia, pudiendo abarcar desde actividades como el exhibicionismo o masturbación en presencia de menores, hasta otras asociadas al delito de pederastia como penetración anal o vaginal. Por lo general, estos individuos no usan la fuerza para acometer una actividad sexual con los niños, sino que hacen uso de varias técnicas de manipulación psíquica y desensibilización[104]. Otro rasgo característico de los pedófilos es que muestran altos niveles de impulsividad, y que suelen acometer actos premeditados y planificados, dificultando con ello su detención[105].

Desde la perspectiva victimológica, se conoce que los delitos de pedofilia afectan más a las niñas como víctimas que a los niños; según lo expuesto por Finkelhor[106], en un estudio basado en el análisis de muestras de 21 países «se ha detectado abuso sexual en al menos el 7 % de las mujeres y al menos el 3 % de los hombres», una prevalencia confirmada posteriormente por Pereda *et al.*[107], entre otros. En la misma

---

103   PINILLOS, A. (2014). «La contribución de las neurociencias...», *op. cit.*, p. 139.

104   BECERRA GARCÍA, J. A. (2013). «¿Existe un perfil característico...», *op. cit.*, p. 2.

105   ACUÑA, M. J. (2014). «Abuso sexual en menores...», *op. cit.*, p. 5.

106   FINKELHOR, D. (1994). «The international epidemiology...», *op. cit.*, p. 411.

107   PEREDA *et al.* (2009). «The international epidemiology...», *op. cit.*, p. 337.

dirección, y bajo un contexto nacional, un estudio conducido por Lameiras Fernández *et al.*[108] concluyó que en España sufren abusos sexuales entre el 20 % y 25 % de las niñas y entre el 10 % y el 15 % de los niños, sin embargo, Ferragut *et al.*[109] en una entrevista elaborada a 1071 adultos españoles, observaron que no existe una clara diferencia de género en los abusos sexuales experimentados por los participantes y que la primera experiencia vivida se situó en torno a los 6 años de edad.

Sobre la duración de los actos, un estudio llevado a cabo por Daigneault *et al.*[110] basado en la entrevista a un grupo de 160 adolescentes pertenecientes a un centro de servicios de protección, determinó que los pedófilos eran principalmente miembros de su familia inmediata de las víctimas (51 %), además, el maltrato suele conllevar contacto físico (100 %), penetración (72 %) y uso de la fuerza (28 %) y tiene una duración media de 1,6 años.

Con independencia a los estudios mencionados, Navarro *et al.*[111] afirma la existencia de una limitación o escases de datos relativos a abusos sexual a menores, debido a que gran parte de estos delitos no son denunciados en el momento, sobre todo si ocurren dentro del ámbito familiar. En cambio, los estudios de prevalencia suelen centrar más su atención en el número de personas adultas que afirma haber sufrido abusos sexuales en su infancia, hecho que aporta un conjunto de datos más fiables y realistas ante estos delitos.

En este sentido, se ha informado una alta proporción de pedófilos que sufrieron abusos cuando eran niños y que muestran predilección por víctimas de edad similar a la que tenían cuando sufrieron el abuso[112].

En suma, y dada la complejidad multifactorial del fenómeno delictivo, hace de la pedofilia uno de los comporta-

---

108 Lameiras Fernández *et al.* (2008). «Abusos sexuales a menores...», *op. cit.*, p. 2.

109 Ferragut *et al.* (2021). «Victims and perpetrators...», *op. cit.*, p. 8.

110 Daigneault *et al.* (2007). «Personal and Interpersonal...», *op. cit.*, p. 420.

111 Navarro *et al.* (2019). «La Pedofilia y sus Repercusiones...», *op. cit.*, p. 8.

112 Becerra García, J. A. (2009). «Etiology of pedophilia from...», *op. cit.*, p. 191.

mientos más complejos de estudiar en términos psicológicos y sociales, convirtiéndose también en uno de los modelos conductuales más resistentes al cambio dado el nivel de reincidencia[113].

3.3. Tenencia y distribución de pornografía infantil

En la actualidad, el acceso a Internet ha modificado la forma de entender el abuso sexual de menores, esto es debido a que la tecnología ha facilitado la disponibilidad y la propagación de contenido relacionado con la pornografía infantil[114], sin embargo, esta conducta online ha experimentado un largo recorrido hasta llegar a convertirse en un problema a gran escala. Antes de Internet, el material de pornografía infantil existía bajo el formato impreso o cinematográfico y el acceso al mismo resultaba limitado; esto se debe a que, por una parte, la obtención de material de abuso sexual de menores requería saber en todo momento dónde podía obtenerse y la transacción suponía, en ciertas ocasiones, que el comprador se identificase ante otros, volviéndose una actividad con un alto riesgo de detención; por otro lado, debido a la prohibición de este tipo de material audiovisual los costes de adquisición eran muy altos. Todo ello se traducía en complicaciones para el vendedor y distribuidor, representando por aquel entonces delitos poco habituales[115]. La aparición de Internet ha supuesto una revolución en cuanto a la velocidad y facilidad de acceso a contenido de toda índole, incluida la pornografía infantil; como prueba de ello, y si bien la presencia total de pornografía infantil en Internet es difícil de cuantificar, la Internet Watch Foundation[116] ha confirmado en su informe correspondiente al año 2021 la existencia de 252.194 URLs que contienen imágenes de abuso sexual infantil.

113   REDONDO *et al.* (2007). «El riesgo de reincidencia...», *op. cit.*, p. 188.

114   ALI *et al.* (2021). «Child Sexual Abuse and the Internet...», *op. cit.*, p. 3.

115   BATES, A., & METCALF, C. (2007). «A psychometric comparison...», *op. cit.*, pp. 2-3.

116   INTERNET WATCH FOUNDATION. (2021). *Internet Watch & Charity...*, *op. cit.*, p. 35.

Las comunidades de pedófilos tienen un amplio recorrido a lo largo de la historia y su ámbito no siempre se ha enmarcado dentro de las nuevas tecnologías y el refugio anónimo que estas pueden otorgar; como ejemplo de organizaciones públicas de pedófilos encontramos a la Red de Información sobre Pedófilos (PIE) del Reino Unido, activa hasta los años '80 con un período de existencia de 10 años[117], o la Asociación Norteamericana de Amor entre Hombres y Niños (NAMBLA)[118] activa desde 1978. En la actualidad, existe una extensa comunidad online que busca desasociar la palabra pedofilia para referirse a un conjunto de individuos que autodenominan como Minor Attracted Persons o MAPs, por sus siglas en inglés[119].

Estos grupos abogan por una normalización del fenómeno delictivo, y con ello la liberalización de las leyes penales relacionadas con el sexo entre adultos y niños[120].

Figura 13: Página principal de NAMBLA

Fuente: https://www.nambla.org/.

En términos generales, los usuarios que poseen y distribuyen pornografía infantil presentan una mayor adaptación psicosocial y menos características antisociales que un individuo que aborda físicamente a su víctima. Además,

---

117 De Castella, T., & Heyden, T. (2014). «How did the pro-paedophile...»

118 https://www.nambla.org/bienvenidos.html

119 Malham, S. (2021). *Understandings and attitudes towards minor...*, *op. cit.*, p. 4.

120 de Young, M. (1988). «The indignant page: Techniques of...», *op. cit.*, pp. 585-586.

los consumidores presentan un mayor nivel de autocontrol y empatía[121/122], y en comparación con abusadores en un contexto offline, tienen menos probabilidades de respaldar los delitos con creencias del tipo «la víctima disfrutó lo que sucedió» o «la víctima no fue dañada con lo sucedido»[123]. En suma, parece que los individuos que solo descargan o visualizan material multimedia de pornografía infantil, a pesar de su tendencia pedófila, cuentan con barreras psicológicas y un estilo de vida que les impide transgredir la protección que brinda Internet[124].

Según afirma Serrano[125], los consumidores son los elementos más activos y esenciales en la cadena de la pornografía infantil en Internet. En términos demográficos, este perfil suele corresponderse a varones con edades comprendidas entre los 30 y 45 años, solteros, con un conocimiento alto en informática y un trabajo estable. Los adictos a este tipo de material dedican cada vez más tiempo a la navegación en Internet dada su necesidad creciente por descargar y acumular material de pornografía infantil, lo que les obliga a buscar nuevos canales de distribución y a pertenecer a grupos de comunidades de pedófilos. Por su parte, un estudio reciente de Steel *et al.*[126] pone en entredicho la habilidad de los consumidores de material pornográfico infantil en el uso de nuevas tecnologías, evidenciando que una baja proporción de los pedófilos analizados contaban con carreras de técnicas o científicas, en comparación con el grupo de referencia utilizado en el estudio, y que el nivel de uso de mensajería instantánea por parte del primer grupo (ciberdelincuentes) era menor que el grupo de referencia.

121   BABCHISHIN, K. M., *et al.* (2011). «The characteristics of online...», *op. cit.*, p. 101.

122   SOTOCA-PLAZA, A., *et al.* (2020). «El Perfil del Consumidor...», *op. cit.*, p. 24.

123   ELLIOTT, I. A., *et al.* (2013). «The Psychological Profiles...», *op. cit.*, p. 11.

124   BABCHISHIN, K. M., *et al.* (2015). «Online Child Pornography...», *op. cit.*, p. 45.

125   SERRANO, J. J. (2012). «Tráfico de pornografía infantil...», *op. cit.*, p. 36.

126   STEEL, C. M. S., *et al.* (2023). «Technical profiles of child sexual...», *op. cit.*, pp. 6-7.

Mediante los procesos metodológicos llevados a cabo en la TD[127] se confirma que el segmento de edad más representativo de delincuentes orientados a la tenencia y distribución de pornografía infantil se sitúa en torno a los 26 y 40 años durante el año 2021, seguido por edades comprendidas entre los 41 y 50; para el año 2022, el principal segmento de edad vuelve a ubicarse entre 26 y 40 años, junto a individuos con edades comprendidas entre los 51 y 65 años. Con respecto a su distribución geográfica en España, los resultados devenidos de la TD[128] permiten evidenciar una alta presencia de usuarios que poseen y/o distribuyen pornografía infantil en las comunidades autónomas de Andalucía, Madrid y Cataluña en el año 2021 (figura 14); para el año 2022 se identificó una mayor presencia en las comunidades autónomas de Madrid, Andalucía y Valencia (figura 15).

Figura 14: Cartograma tenencia y distribución (2021).

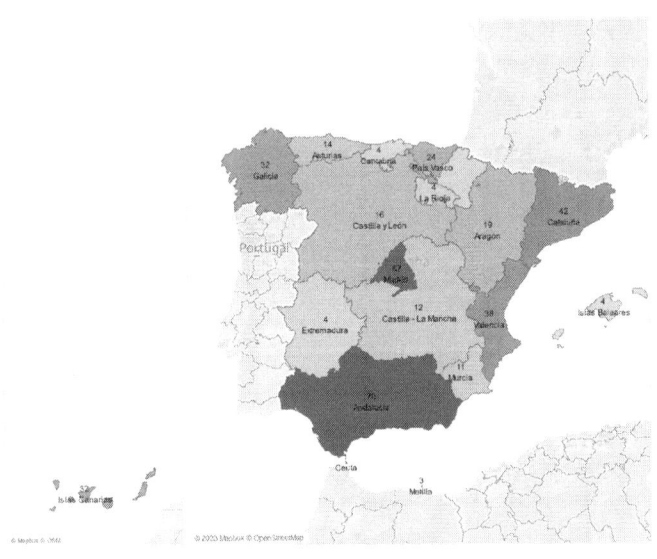

Fuente: Elaboración propia mediante la aplicación Tableau Desktop.

---

127 GALLO-SERPILLO, F. (2023). *Estudio sobre la pornografía...*, *op. cit.*, pp. 251-252.

128 GALLO-SERPILLO, F. (2023). *Estudio sobre la pornografía...*, *op. cit.*, pp. 194-196.

Figura 15: Cartograma tenencia y distribución (2022).

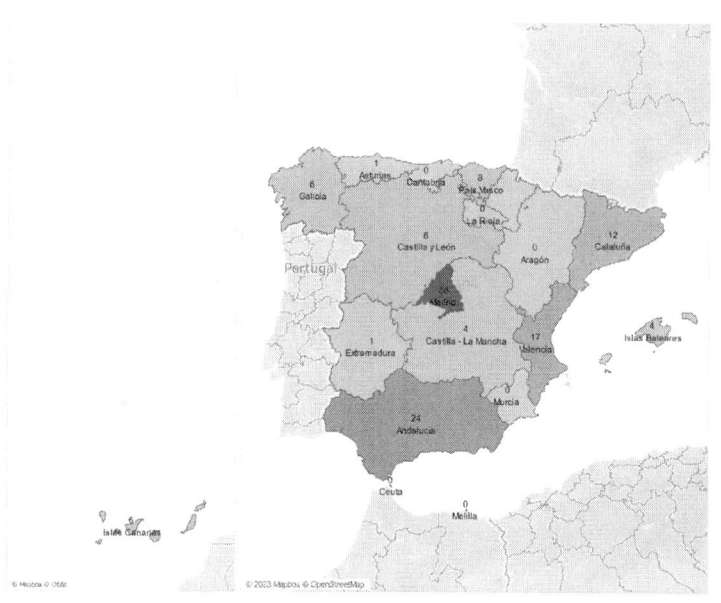

Fuente: Elaboración propia mediante la aplicación Tableau Desktop.

La conducta de poseer, guardar o registrar contenido digital puede llevarse a cabo mediante diversos medios de almacenamiento físico (*pendrives*, CD, discos duros) o almacenamiento sin acceso físico (instancias *Cloud*). El comportamiento derivado de descargar (voluntariamente) pornografía infantil supone el registro y almacenamiento de datos relacionados con la actividad delictiva, dejando consigo una traza completa de la actividad delictiva. Por otro lado, puede diferenciarse la descarga al acceso mediante *streaming*, el cual permite un acceso gradual y secuencial al contenido sin necesidad de ser descargado íntegramente. La utilización de sistemas basados en *streaming* es, por lo general, más compleja para el usuario medio en comparación con la descarga directa, hecho que pone de relieve una evidencia probatoria subyacente al consumo de pornografía infantil y es que «probablemente terminarán siendo perseguidos y sancionados penalmente sujetos que carezcan de conocimientos informáticos»[129].

---

129   Lux, L. (2014). «Almacenamiento de pornografía...», *op. cit.*, pp. 34-35.

Aunque existe una relación entre la visualización y/o descarga de pornografía infantil y la atracción sexual por los menores, según Beech *et al.*[130] Y Sotoca-Plaza *et al.*[131] conviene distinguir dos tipos de consumidores de pornografía infantil: aquellos que únicamente descargan pornografía infantil y suelen padecer pedofilia, y aquellos que descargan material de distinta naturaleza, de manera indiscriminada o curiosa, sin tener especial predilección por el material sexual infantil.

Sumadas a las anteriores categorías, debemos contemplar un último escenario donde el usuario visualiza y/o descarga material de pornografía infantil de forma accidental. En este sentido, Rincón & Rincón[132] señalan que, si bien ambas acciones son ilícitas per se, no dejan de corresponderse a delitos dolosos, en otras palabras, debe existir intencionalidad para que la visualización o descarga pueda considerarse un delito. Si bien deberá someterse al dispositivo del sospechoso a un análisis forense para determinar su culpabilidad, podría considerarse un escenario de accidente fortuito el descargar un archivo con un titular engañoso de «cine para adultos» y que finalmente resultase contener pornografía infantil.

3.4. Contacto con menores mediante tecnología

El delito de contacto con menores mediante tecnología, comúnmente denominado «Grooming», «Child Grooming» o «Sexual Grooming»[133], hace alusión al proceso mediante el cual una persona adulta establece o construye una relación con un menor de edad, ya sea en persona o mediante el uso de medios informáticos y tecnología de comunicaciones, con el fin de facilitar el acercamiento sexual en línea o fuera de línea con el niño, derivando así en un proceso de capta-

---

130 Beech, A. R., *et al.* (2008). «The Internet and child...», *op. cit.*, p. 224.

131 Sotoca-Plaza, A., *et al.* (2020). «El Perfil del Consumidor...», *op. cit.*, p. 22.

132 Rincón, J., & Rincón, M. (15 de mayo de 2023). «Preguntas frecuentes...»

133 Craven, S., *et al.* (2006). «Sexual grooming of children...», *op. cit.*, pp. 287-288.

ción[134]. El agresor puede ser parte de la familia de la víctima, corresponderse a un profesional en el ámbito social de los menores, ser alguien que se acerque a familias vulnerables para encontrar posibles víctimas de trata de menores, o alguien que hubiera establecido contacto mediante el uso de Internet dentro de un proceso de Online Grooming. El Grooming ejercido en un entorno online es un fenómeno delictivo relativamente reciente y, en buena parte, aún desconocido[135] que conecta directamente con otras formas de explotación sexual como son la creación de material pornográfico infantil o la agresión física.

En términos demográficos, los delincuentes detenidos por Online Grooming son descritos en su mayoría como hombres blancos, con una mediana de edad de 35 años, educados y con un empleo estable[136], un estudio reciente llevado a cabo por Riberas-Gutiérrez et al.[137] reafirman esta aseveración al indicar que la media de edad de personas procesadas por Online Grooming en España ronda los 35 años; a su vez se conoce que estos delitos sexuales pueden ser cometidos tanto por individuos adultos como por jóvenes y que un alto porcentaje de esta tipología de pedófilos no cuentan con antecedentes penales previos que guarden relación con menores de edad, o incluso delitos no sexuales; por otro lado, y en relación a la reincidencia, Choo[138] afirma que muchos delincuentes sexuales que comenten un delito sexual siendo aún jóvenes, continúan cometiéndolos hasta la edad adulta.

Mediante los procesos metodológicos llevados a cabo en la TD[139] se confirma que en el año 2021 los segmentos de edad más representativos de delincuentes que ejercen *Child Grooming* se sitúan entre los 18 y 25 años y entre los 26 y 40 años, mientras que para el 2022 la frecuencia de edad más

---

134 GEMARA, N., *et al.* (2022). «"I do not remember…», *op. cit.*, p. 1.

135 GÁMEZ-GUADIX *et al.* (2021). «Creencias erróneas sobre el abuso…», *op. cit.*, p. 285.

136 WALSH, W. A., & WOLAK, J. (2005). «Nonforcible internet-related…», *op. cit.*, p. 263.

137 RIBERAS-GUTIÉRREZ, M., *et al.* (2023). «Online grooming: Risk…», *op. cit.*, p. 4.

138 CHOO, K. R. (2009). «Online child grooming…», *op. cit.*, p. 14.

139 GALLO-SERPILLO, F. (2023). *Estudio sobre la pornografía…*, *op. cit.*, p. 252.

representativa se sitúa entre los 26 y 40 años. Los principales tramos de edad identificados permiten confirmar lo expuesto en el marco teórico con respecto al perfil analizado, esto es, individuos con una edad media de 30 años. Con respecto a su distribución geográfica en España, y en lo relativo al año 2021, los resultados devenidos de la TD[140] permiten evidenciar una tasa elevada de ciberdelincuentes que ejercen *Child Grooming* en las comunidades autónomas de Andalucía, Madrid, Cataluña y País Vasco, mientras que para el año 2022 se observa una mayor presencia en las comunidades autónomas de Madrid, Andalucía y Valencia, respectivamente.

Figura 16: Cartograma Child Grooming (2021).

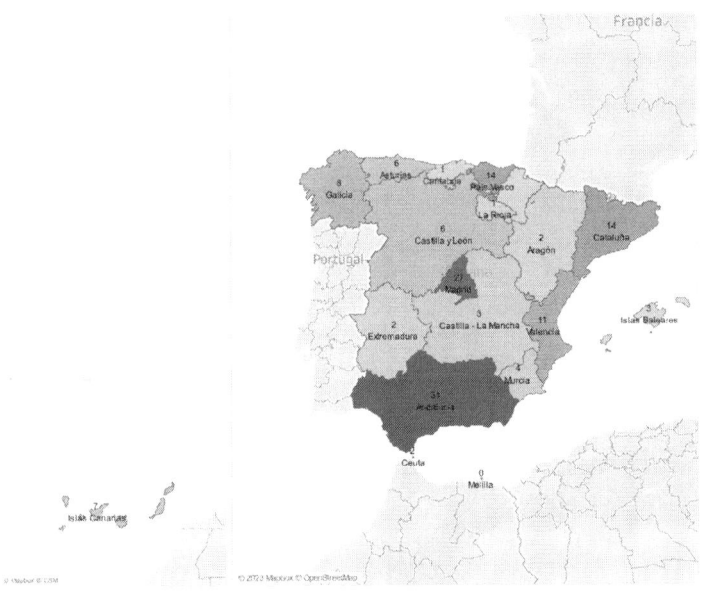

Fuente: Elaboración propia mediante la aplicación Tableau Desktop.

---

140 GALLO-SERPILLO, F. (2023). *Estudio sobre la pornografía...*, *op. cit.*, pp. 216-219.

Figura 17: Cartograma Child Grooming (2022).

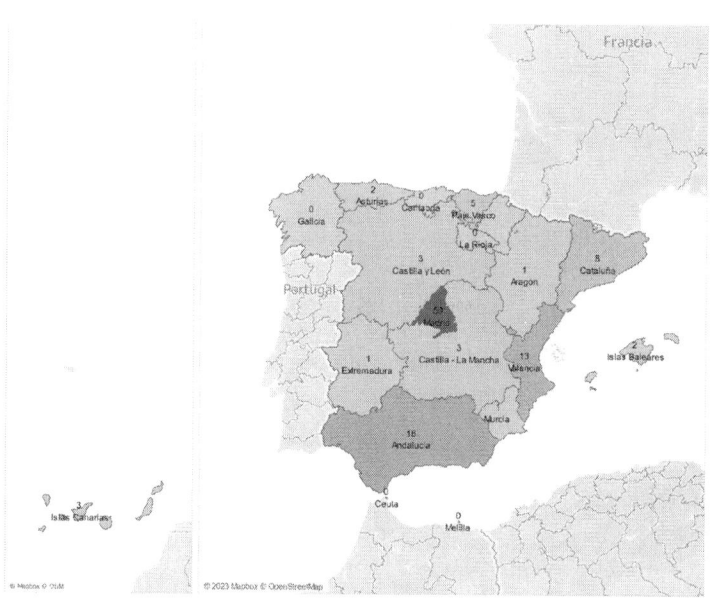

Fuente: Elaboración propia mediante la aplicación Tableau Desktop.

En lo relativo al proceso de captación, y según Winters *et al.*[141], responde, por lo general, a una estructura de cinco etapas: 1) selección de un niño vulnerable como objetivo; 2) acceso al menor y aislamiento del mismo con respecto a los demás; 3) desarrollo de mecanismos de manipulación para ganarse la confianza del niño; 4) desensibilización gradual del menor con respecto al contenido sexual y el contacto físico; 5) una vez alcanzada la etapa cuatro, se utilizan estrategias psicológicas para asegurar un abuso prolongado de la víctima.

---

141 Winters, G. M., *et al.* (2020). «Validation of the sexual grooming...», *op. cit.*, p. 2.

Conforme a lo expuesto por Choo[142], uno de los principales objetivos dentro de la etapa inicial es la obtención de información privada de las víctimas mediante las siguientes vías:

- Mediante el uso de motores de búsqueda de información pública que permitan encontrar, por ejemplo, actividades e imágenes de los niños.

- Mediante el proceso de involucrar al menor en conversaciones online para, bien sea en canales de chat, redes sociales o juegos online.

- A través de búsquedas realizadas en redes sociales, para las cuales se requiere una identidad supuesta.

Por su parte, los niños se encuentran particularmente abiertos a interactuar con extraños en las redes sociales para así conocer gente nueva o mantener el contacto con otros usuarios conocidos[143], ello permite a los ciberdelincuentes acceder a las víctimas bien sea suplantando usuarios con los que guardan una relación estrecha o mediante la creación de un falso perfil; de esta manera, los ciberdelincuentes aprovechan el anonimato que brindan las nuevas tecnologías para acercarse a sus objetivos[144] haciendo uso de falsas direcciones de correo electrónico y la creación de identidades a medida, permitiendo hacerse pasar por niños para «ganarse la confianza de sus víctimas durante un período de tiempo antes de introducir un elemento sexual en la conversación en línea y, finalmente, concertar un encuentro físico»[145].

En lo que a la primera toma de contacto se refiere, un estudio llevado a cabo por Jones *et al.*[146] concluyó que 1 de cada 11 niños de los Estados Unidos de América, con edades comprendidas entre los 10 y 17 años, recibieron una solicitud sexual no deseada en Internet; ante esta tipología de propuestas, fueron los jóvenes entre 9 y 14 años quienes las declinaron principalmente, y no registró una disminución significativa en las solicitudes sexuales generadas con foco en jóvenes de 16 y 17 años.

142 CHOO, K. R. (2009). «Online child grooming…», *op. cit.*, p. 16.

143 INTERNATIONAL CENTRE FOR MISSING & EXPLOITED CHILDREN. (2017). *Online Grooming of Children…*, *op. cit.*, p. 3.

144 ALI *et al.* (2021). «Child Sexual Abuse and the Internet…», *op. cit.*, p. 2.

145 CHOO, K. R. (2009). «Online child grooming…», *op. cit.*, p. 14.

146 JONES, L. M., *et al.* (2012). «Trends in youth internet…», *op. cit.*, p. 182.

En un estadio más avanzado, y una vez el ciberdelincuente haya conseguido ganarse la confianza de la víctima, este puede alentar al niño a continuar la conversación mediante otras plataformas como, por lo general, salas de chat privadas donde el 61 % de los participantes mienten sobre su edad[147], o sistemas de mensajería instantánea que facilitan el intercambio de imágenes y videos sexuales, e incluso la transmisión de video en directo[148].

En suma, el proceso de *Grooming* se compone de fases crecientes de manipulación para generar vínculos íntimos y de confianza con el menor para finalmente abusar del mismo en un entorno virtual o fuera de línea[149]. El tiempo empleado en una conversación entre un ciberdelincuente y un menor hasta conseguir un contexto sexual es variable; algunos orientan su discurso hacia una conversación de índole sexual desde el inicio, mientras que otros son más expectantes y escogen el momento óptimo para acosar a la víctima. El primer grupo utiliza un estilo verbal más agresivo y directo, hablando abiertamente sobre sus intenciones sexuales, mientras que el segundo grupo debate con el menor temas no sexuales para luego introducir gradualmente contenido de índole sexual[150].

En un trabajo realizado por Katz[151] en base a entrevistas con víctimas de abuso sexual infantil en Internet, se demuestra cómo el segundo grupo de depredadores online logra hacer sentir cómodos a los menores en el inicio de la comunicación, preguntándoles por sus intereses o mostrándose preocupados por sus problemas. Transcurrido un tiempo prudencial, los ciberdelincuentes comienzan a compartir elementos de contenido sexual, emitiendo preguntas sobre las experiencias sexuales de los menores y solicitándoles fotos o videos esperando, en último término, que el niño conteste con el material solicitado para después buscar un encuentro cercano.

---

147   BERGEN, E., *et al.* (2014). «The Effects of Using Identity…», *op. cit.*, p. 7.

148   INTERNATIONAL CENTRE FOR MISSING & EXPLOITED CHILDREN. (2017). *Online Grooming of Children…*, *op. cit.*, p. 4.

149   GEMARA, N., *et al.* (2022). «"I do not remember…», *op. cit.*, p. 2.

150   KLEIJN, M., & BOGAERTS, S. (2021). «Sexual Offending Pathways…», *op. cit.*, p. 873.

151   KATZ, C. (2013). «Internet-related child sexual abuse», *op. cit.*, pp. 1538-1540.

En el año 2013, *Terre des hommes Netherlands*, una ramificación de la organización suiza *Terre des hommes* (tierra de hombres)[152], anunció haber inventado un señuelo llamado «Sweetie» con el fin de investigar la actividad sexual de los menores por webcam. El prototipo, basado en un chatbot con salas que simulan la conexión en directo de un niño (figura 18), atrajo rápidamente la atención de 1.000 potenciales pedófilos; la concurrencia de los depredadores sexuales constituyó un punto de inflexión para el desarrollo de Sweetie, abandonando la idea embrionaria para poner un mayor énfasis al rastreo de pedófilos del tipo B; en el año 2015, Terre des hommes Netherlands publicaron en su cuenta de red social oficial un poster donde especificaban la detección de 750.000 individuos potenciales (figura 19).

Figura 18: Señuelo Sweetie chatbot.

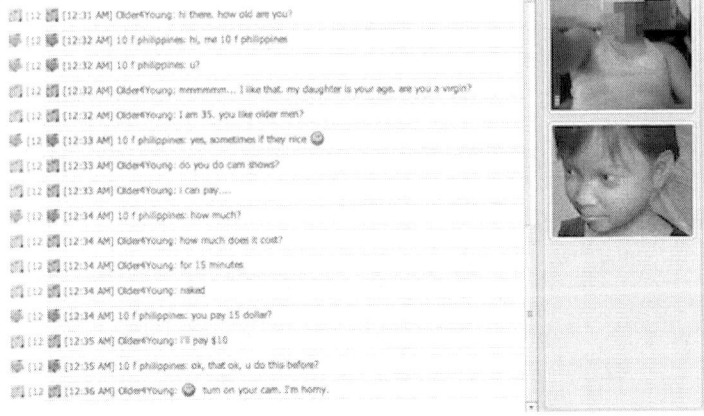

Fuente: https://www.terredeshommes.nl/nl/programmas/sweetie.

---

152   TERRE DES HOMMES. https://www.terredeshommes.nl/nl/programmas/sweetie

Figura 19: Contador del señuelo Sweetie.

Fuente: https://www.facebook.com/Swee-
tie.International/photos/a.80436180%20
9576476.1073741828.803980692947921/930457996966856/
?type=3&theater%2C%20last%20accessed%20
on%20November%2017%2C%202015

IV.

AGRESORES DUALES Y SECUESTRO DE MENORES

Bajo el presente capítulo se pretende argumentar la existencia de perfiles duales, esto es, pedófilos en línea que en algún momento de su carrera delictiva acaban por abordar físicamente a menores para satisfacer sus fantasías sexuales. De este modo, se procede inicialmente a hilvanar la conducta de un sujeto activo en entorno online con las distorsiones cognitivas o sociales que favorecen el salto a un contexto físico. Finalmente, se exponen diversas noticias que no hacen más que evidenciar la existencia de los perfiles duales.

4.1. Consideraciones iniciales

Como bien se ha podido constatar en el capítulo I, el sujeto activo relacionado con las desapariciones forzosas de menores ha ido cambiando con el paso del tiempo, obligando a reflexionar sobre la posibilidad de que agentes no estatales puedan cometer desapariciones bajo las dinámicas actuales de la criminalidad organizada[153], entre ellas, la explotación y el abuso sexual de menores.

---

153 Taibi Sferrazza, P. (2019). «La definición de la desaparición...», *op. cit.*, p. 154.

Al objeto de construir una base teórica que sustente la aparente relación entre la desaparición forzosa de menores y los perfiles delictivos asociados a la pornografía infantil, se ha procedido a realizar una búsqueda en Scopus, como una de las principales bases de datos bibliográficas. Para obtener la mayor cantidad de resultados posibles relacionados con la temática de desapariciones forzosas, se ha empleado su término anglosajón «enforced dissapearance» (desaparición forzosa) «minor» (menor), y se ha evitado la exclusión por tipo de formato (artículo, capítulo de libro, etc.) así como también por área de conocimiento; con todo ello, se ha realizado una búsqueda seleccionando los últimos 4 años a contar desde la fecha de redacción de la TD (2023), obteniendo un total de 468 documentos relacionados:

Figura 20: Cadena de búsqueda en Scopus (2019-2023).

468 document results

ALL (enforced AND disappearance) AND (LIMIT-TO (PUBYEAR , 2023) OR LIMIT-TO (PUBYEAR , 2022) OR LIMIT-TO (PUBYEAR , 2021) OR LIMIT-TO (PUBYEAR , 2020) OR LIMIT-TO (PUBYEAR , 2019))

Fuente: Elaboración propia (captura de imagen de Scopus).

Mediante la herramienta VOSViewer[154] se ha llevado a cabo un sencillo análisis bibliométrico basado en co-ocurrencias de *Keyboards* presentes en cada uno de los documentos obtenidos mediante Scopus[155]; el resultado, como puede apreciarse en la figura 21, revela la ausencia aparente de bibliografía científica previa que aborde el fenómeno de la desaparición forzosa de menores desde el punto de vista del abuso sexual infantil mediante el uso de Internet; se observa, por su parte, la amplia presencia de documentos con foco en los derechos humanos, regímenes políticos, guerras y religión.

---

154   https://www.vosviewer.com/
155   https://www.scopus.com/

Figura 21: Análisis bibliométrico con VOSViewer (2019-2023).

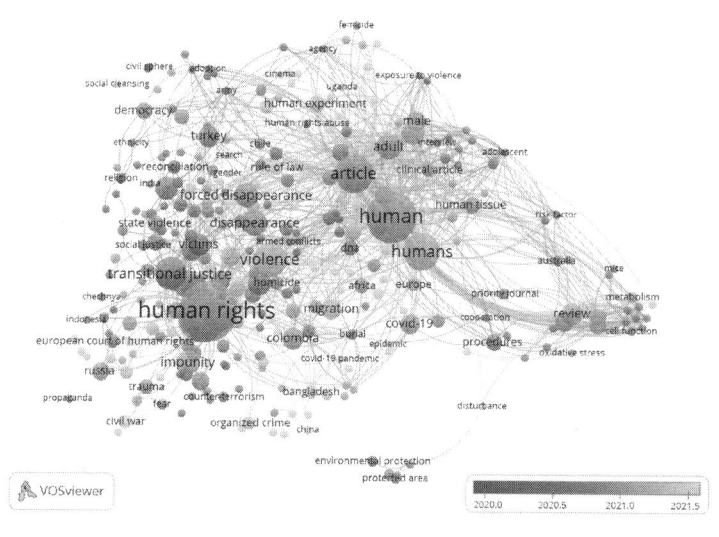

Fuente: Elaboración propia basada en VOSViewer.

Con todo ello, el presente capítulo está destinado a plantear la existencia de agresores duales como último eslabón de agentes activos dentro del marco de la pedofilia, evidenciando con ello la coexistencia de perfiles online, y la posibilidad de que este último cometa un secuestro. Dada la ausencia de artículos científicos que aborden la posible relación entre los perfiles reseñados con anterioridad y los menores desaparecidos de manera forzosa, se ha procedido a respaldar los argumentos con un compendio de noticias internacionales.

4.2. Definición de agresores duales

Junto con la tipología más común de pedófilos desarrollada en el anterior capítulo, existen evidencias empíricas sobre la existencia de agresores duales, un subconjunto de perfiles mixtos en los cuales poco se ha profundizado, pero que permiten comprender como un usuario consumidor de pornografía infantil, o aquel que ejerce *Child Grooming,* puede acabar convirtiéndose en un agresor offline.

Históricamente, se ha contemplado la posible existencia de una escalada criminal donde el consumidor de pornografía infantil o el depredador online se iniciaba en la exploración del abuso mediante Internet para finalizar con el contacto sexual físico a un menor de edad; en otras palabras, estas personas comenzarían por entablar conversaciones con un menor a través de Internet o por consumir archivos relacionados con abuso sexual pero gradualmente buscarían obtener mayores estímulos, conduciéndoles hacia un delito sexual; sin embargo, en la actualidad se ha concluido que la pornografía infantil y el abuso físico de menores son dos fenómenos delictivos independientes, aunque, en ocasiones, pueden converger en un perfil dual[156].

Como se ha descrito en anteriores apartados, y a pesar del impacto social que genera la pornografía infantil, la investigación sobre las características de los pedófilos y pederastas se encuentra sometida a un continuo proceso de revisión y desarrollo, sobre todo en lo referente a los factores que predisponen al delincuente a cometer un acto de abuso sexual offline; por ejemplo, para algunos sujetos, el consumo de pornografía infantil puede ayudar a controlar los intereses desviados con respecto a los menores, evitando así que se materialice un crimen offline de mayor criticidad[157], no obstante, para otros individuos, el consumo de pornografía infantil puede estimular las fantasías sexuales y actuar como un modelo para un delito de contacto[158].

Si bien existen en la actualidad diversas propuestas tipológicas, fundamentadas en las motivaciones y comportamientos ofensivos de los sujetos activos con respecto a la pornografía y abuso infantil, solo puede hallarse un modelo que proporciona una explicación para el comportamiento de los agresores duales en relación con el uso de Internet: *el modelo de uso problemático potencial de Internet*[159]; este modelo establece que las distorsiones cognitivas presentes en todos

---

156 SOTOCA-PLAZA, A., *et al.* (2020). «El Perfil del Consumidor...», *op. cit.*, p. 24.

157 HOUTEPEN, J. A. B. M., *et al.* (2014). «From child pornography...», *op. cit.*, p. 467.

158 QUAYLE, E., & TAYLOR, M. (2002). «Child pornography...», *op. cit.*, p. 534.

159 QUAYLE, E., & TAYLOR, M. (2003). «Model of problematic...», *op. cit.*, pp. 93-106 *passim*.

los abusadores sexuales no solo desencadenan conductas como el consumo o tenencia de pornografía infantil, sino que también facilitan, en mayor o menor medida, la progresión de una conducta online hacia el contacto sexual físico.

En lo relativo a perfiles duales que involucran comportamientos asociados con la tenencia y consumo de pornografía infantil, y el abordaje físico (en adelante, perfil D1), cabe señalar que el modo en que un delincuente consume este tipo de material también se encuentra asociado con una conducta dual, ya que existen numerosos casos de abusadores —en un contexto físico— que, en el momento de la detención, se les ha hallado una colección de ficheros multimedia relacionados con pornografía infantil[160]; sin embargo, y conforme a un estudio llevado a cabo por Ly *et al.*[161], todo parece apuntar que los delincuentes duales tienen más probabilidades de poseer pornografía infantil con un rango de edad más acotado que en caso de sujetos relacionados únicamente con delitos de posesión de material pedófilo, y menos probabilidades de pagar por dicho material que los delincuentes online, esto explicaría por qué los sujetos con perfil D1 suelen poseer menor cantidad de pornografía infantil en el momento de la detención. La gravedad del material poseído también resulta un factor crítico para distinguir a un posible delincuente de perfil D1 que pivota entre el consumo de pornografía infantil y el abuso físico[162]; a modo ilustrativo, en caso de que el delincuente posea archivos con escenas eróticas leves de niños, el riesgo de concretar un abuso sexual físico resulta menor con respecto al consumo de pornografía infantil con imágenes de sexo explícito.

El acceso prolongado a material de pornografía infantil también representa un rasgo característico de individuos con perfil D1, de acuerdo con Quayle & Taylor[163], los delincuentes poseen material de alta criticidad cuentan con un historial de descargas más largo, siendo un claro indicativo de que el consumo prolongado de pornografía infantil puede llevar a la

160 McCarthy, J. A. (2010). «Internet sexual activity...», *op. cit.*, p. 184.

161 Ly, T., *et al.* (2016). «Understanding Online...», *op. cit.*, p. 74.

162 Long, M. L., *et al.* (2013). «Child Pornography and Likelihood...», *op. cit.*, p. 388.

163 Quayle, E., & Taylor, M. (2002). «Child pornography...», *op. cit.*, p. 471.

necesidad de incrementar la gravedad del mismo para lograr el nivel de satisfacción actual.

Así mismo, las representaciones gráficas en la pornografía infantil pueden no resultar suficientes en algunos delincuentes online, acudiendo entonces a concretar sus fantasías en la vida real[164], además, algunos sujetos activos de perfil D1 que eran consumidores de pornografía infantil son proclives a forzar relaciones cercanas cuando encuentran víctimas, algunas de las cuales pasan de ser «virtuales» a «reales»[165].

En uno de los últimos estudios sobre la dinámica del perfil dual, llevado a cabo por Fortin *et al.*[166], se deduce que otro indicador común al perfil D1 radica en el deseo de no interactuar más con otros coleccionistas, sino de «entrar en contacto directo con los objetos reales de su colección», así como también utilizar material de pornografía infantil para mostrar a las posibles víctimas contactadas los actos sexuales que pretende infringirles.

En referencia al subtipo de perfil D2 (perfil dual 2), como consecuencia de la asociación entre sujetos activos que ejercen el *Child Grooming* y aquellos que ejercen el abordaje físico, Fortin *et al.*[167] identifican, a grandes rasgos, una clara distinción entre aquellos que contactan con menores con el objeto de establecer relaciones sexuales en el mundo real y aquellos que contactan impulsados por la fantasía. Los delincuentes que entablan comunicación con menores para materializar encuentros fuera de línea han hecho uso Internet debido a que representa una manera de acceso más fácil que si hubieran realizado una búsqueda en persona. Por su parte, aquellos impulsados por la fantasía son más proclives a participar en actividades de cibersexo con adolescentes sin intención de conocerlos en el mundo real.

Llegados a este punto, no cabe duda de que la existencia del perfil dual es un hecho contrastado más allá de las características teóricas en el ámbito socioafectivo o psicológico. En tér-

---

164 HOUTEPEN, J. A. B. M., *et al.* (2014). «From child pornography...», *op. cit.*, p. 471.

165 QUAYLE, E., & TAYLOR, M. (2003). «Model of problematic...», *op. cit.*, p. 98.

166 FORTIN, F., *et al.* (2018). «From online to offline...», *op. cit.*, p. 37.

167 FORTIN, F., *et al.* (2018). «From online to offline...», *op. cit.*, p. 38.

minos estadísticos, tal y como sostienen Houtepen *et al.*[168], en su revisionismo bibliográfico sobre artículos relacionados con la materia, existen investigaciones que muestran que «antes de la aparición de Internet, entre una quinta y una tercera parte de los delincuentes arrestados por posesión de pornografía infantil también estaban involucrados en abuso de contacto sexual».

Otra investigación, llevada a cabo por Neutze *et al.*[169], cuyo objetivo radicaba en la identificación de factores dinámicos que distinguen a quienes consumen pornografía infantil de aquellos que tienen contactos sexuales con niños, demostró que del 50 % de los participantes, solo el 14,3 % reconoció haber abusado sexualmente de un niño en el pasado y el 35,7 % informó tanto de delitos de pornografía infantil como de abuso sexual infantil.

Por último, un estudio conducido por Quayle & Taylor[170], mediante entrevistas semiestructuradas a un grupo de 13 delincuentes relacionados con la posesión de pornografía infantil, señaló que 4 de los 13 delincuentes de la muestra también habían cometido abuso sexual físico a un menor de edad.

A continuación, se detallan una serie de hechos actuales que permiten evidenciar la existencia de perfiles D1 y D2, así como también particularidades en el modus operandi, la demografía y el comportamiento. El siguiente conjunto de noticias, en orden cronológico ascendente, abarca desde complejas redes criminales hasta casos particulares.

4.2.1. Noticias relacionadas con Perfil D1

Medio	Europa Press
Titular	Detienen en Fuerteventura a un pederasta buscado por las autoridades británicas
Fecha	28/06/2020
País de los hechos	España

---

168 HOUTEPEN, J. A. B. M., *et al.* (2014). «From child pornography...», *op. cit.*, p. 468.

169 NEUTZE, J., *et al.* (2011). «Predictors of Child Pornography...», *op. cit.*, p. 229.

170 QUAYLE, E., & TAYLOR, M. (2002). «Child pornography...», *op. cit.*, p. 332.

Evidencia	
	europapress : islas canarias — Publicado 28/06/2020 11:03 **Detienen en Fuerteventura a un pederasta buscado por las autoridades británicas**
Enlace	https://www.europapress.es/islas-canarias/noticia-detienen-fuerteventura-pederasta-buscado-autoridades-britanicas-20200628110359.html (último acceso 04/02/2023)
Resumen	La Policía Nacional han detenido en la isla de Fuerteventura a un hombre de 78 años residente en Fuerteventura y de nacionalidad británica. El detenido estaba reclamado por delitos de abuso sexual de menores y pornografía infantil en su país. Sobre el mismo existía una orden europea de detención para extradición, siendo los motivos abuso de sexual de menores y pornografía infantil. No se tiene constancia de crímenes cometidos en España, pero con los antecedentes recogido en la noticia puede establecerse una clara asociación con el perfil del tipo D1.

Medio	El Confidencial
Titular	La depravada ruta de la 'productora' pedófila creada por tres conocidos
Fecha	19/08/2021
País de los hechos	España

Evidencia	
Enlace	https://www.elconfidencial.com/espana/andalucia/2021-08-19/pedofilia-guardia-civil-produccion-audiovisual_3230734/ (último acceso 04/02/2023)
Resumen	En el mes de agosto, del año 2021, El Tribunal Supremo dictaminó una condena que supera los 210 años por 70 delitos de captación y utilización de menores para la elaboración de material pornográfico, seis de abusos sexuales, tres de distribución y otros tres por pertenencia a grupo criminal. Los tres individuos detenidos actuaban inicialmente en la Comunidad Valenciana, llegando a fotografiar a cinco niños, algunos de seis y siete años. Se movían siempre en pareja y grababan material audiovisual como escenarios «inmuebles que eran alquilados para la ocasión, zonas despobladas y alejadas de centros urbanos». A partir del año 2009, los implicados se trasladaron a países como Marruecos, Rumanía, Sri Lanka, Túnez, Camboya, Laos, Tailandia, Singapur, República Checa, Kenia, Francia, Java o Bali. En el proceso de investigación se incautaron de más de 3.000.000 de archivos con un contenido severo.

Medio	ABC
Titular	Liberan a 65 niños de los horrores de la mayor red pedófila de Alemania
Fecha	13/01/2022
País de los hechos	Alemania, EE. UU., Finlandia, Suecia, Holanda y Suiza, entre otros.

Evidencia	**Liberan a 65 niños de los horrores de la mayor red pedófila de Alemania** El juicio ha dejado establecido que un reconocido chef y empresario, que violaba regularmente a su única hija, era la figura central del complejo de abusos de Bergisch Gladbach en el que estaban implicados cientos de sospechosos 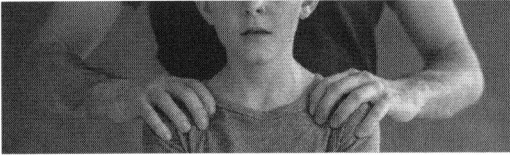
Enlace	https://www.abc.es/internacional/abci-liberan-65-ni-nos-horrores-mayor-pedofila-alemania-202201131030_noticia.html (último acceso 04/02/2023)
Resumen	La noticia hace referencia a la red criminal de pedofilia más grande conocida hasta la fecha. Las dimensiones del caso pronto requirieron de la creación de una brigada de investigación especializada «BAO Berg» con hasta 347 policías asignados y nueve fiscales trabajando en todo el país. La Policía ha identificado 439 sospechosos y el poder judicial ha emitido sus primeras 13 condenas. Un total de 65 niños han sido identificados y liberados de las situaciones de abuso sistemático por la red de pedófilos cuyo objetivo era el lucro Los niños tenían entre 1 y 17 años. Uno de los principales implicados, de 44 años, cometió abusos severos contra su propia hija. La Policía encontró cantidades ingentes de pornografía infantil en su posesión, incluido fotos y vídeos de las agresiones que luego distribuía en chats de hasta 1.800 participantes.

Medio	Diari Mes
Titular	El segundo acusado de formar parte de la red de pornografía infantil en Tortosa niega su participación
Fecha	10/02/2022
País de los hechos	España

Evidencia	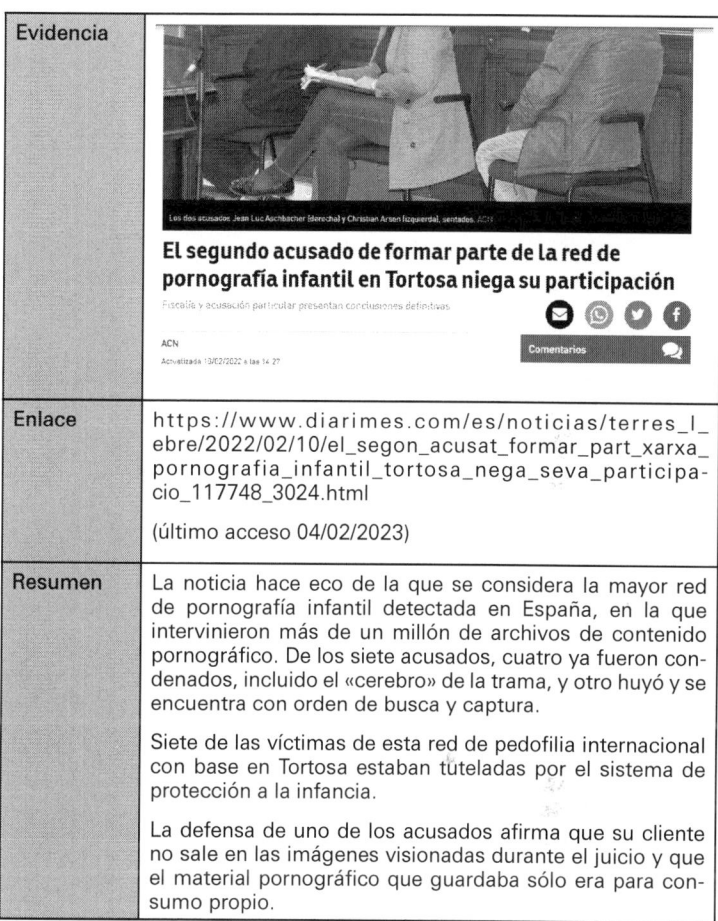
Enlace	https://www.diarimes.com/es/noticias/terres_l_ebre/2022/02/10/el_segon_acusat_format_part_xarxa_pornografia_infantil_tortosa_nega_seva_participacio_117748_3024.html (último acceso 04/02/2023)
Resumen	La noticia hace eco de la que se considera la mayor red de pornografía infantil detectada en España, en la que intervinieron más de un millón de archivos de contenido pornográfico. De los siete acusados, cuatro ya fueron condenados, incluido el «cerebro» de la trama, y otro huyó y se encuentra con orden de busca y captura. Siete de las víctimas de esta red de pedofilia internacional con base en Tortosa estaban tuteladas por el sistema de protección a la infancia. La defensa de uno de los acusados afirma que su cliente no sale en las imágenes visionadas durante el juicio y que el material pornográfico que guardaba sólo era para consumo propio.

4.2.2. Noticias relacionadas con Perfil D2

Medio	El País
Titular	Hallada en Madrid una niña de 13 años de Barcelona con su agresor sexual, que la captó en Internet
Fecha	06/02/2020
País de los hechos	España

Evidencia	**Hallada en Madrid una niña de 13 años de Barcelona con su agresor sexual, que la captó en Internet**
	La menor sufre síndrome de Asperger. Su madre localizó su paradero por el móvil
	PATRICIA ORTEGA DOLZ EFE
	Madrid - 06 FEB 2020 - 13:36	Actualizado: 06 FEB 2020 - 17:04 CET
Enlace	https://elpais.com/sociedad/2020/02/06/actualidad/1580988921_673598.html (último acceso 04/02/2023)
Resumen	La Policía Nacional localizó en Madrid a una menor de 13 años cuya desaparición fue denunciada por su familia en Barcelona. Como agravante, se comunicó que la menor sufre síndrome de Asperger.
	En el proceso se detuvo a un individuo que había captado a la joven mediante el uso de redes sociales. Según fuentes policiales, él mismo habría ido a buscarla a Barcelona y la habría traído hasta Madrid, donde presumiblemente abusó sexualmente de ella.

Medio	La Sexta
Titular	Detenido en Sevilla un pederasta, que captaba a sus víctimas en redes sociales, tras violar a una menor de 12
Fecha	11/08/2022
País de los hechos	España
Evidencia	**Detenido en Sevilla un pederasta, que captaba a sus víctimas en redes sociales, tras violar a una menor de 12**
	Se hacía pasar por un chaval de 15 años que contactaba con menores de entre 12 y 15 años y vírgenes. Las hacía creer que eran novios para después obligarlas a mantener encuentros sexuales.

Enlace	https://www.lasexta.com/noticias/sociedad/detenido-sevilla-pederasta-que-captaba-sus-victimas-redes-sociales-violar-menor-12_2022081162f577f08d51040001d788ef.html# (último acceso 04/02/2023)
Resumen	La Policía Nacional ha detenido en Sevilla a un joven de 20 años por abusar sexualmente de una menor de 12 años a la que dejó embarazada. La víctima puso en conocimiento de los agentes que había conocido a un chico que decía tener 15 años a través de las redes sociales, con el que había comenzado una supuesta relación. Según el testimonio de la menor, el detenido se interesó por su virginidad y «la amenazó con dejarla si no mantenía con él relaciones sexuales, consiguiendo culminar estas bajo coacción de la menor». Las pruebas obtenidas durante la investigación permitieron a los agentes relacionar el suceso con otras denuncias entre las que se apreciaba mismo «modus operandi» sobre víctimas entre 12 y 15 años.

Medio	ABC
Titular	Detenido un depredador sexual que buscaba en internet niñas que fueran vírgenes para forzarlas
Fecha	12/08/2022
País de los hechos	España
Evidencia	→ ABC → España **Detenido un depredador sexual que buscaba en internet niñas que fueran vírgenes para forzarlas** En Sevilla ha sido detenido un depredador sexual que buscaba niñas en internet que fueran...

Enlace	https://www.abc.es/espana/detenido-depredador-sexu-al-buscaba-internet-ninas-virgenes-20220812084806-vi.html
	(último acceso 04/02/2023)
Resumen	Ha sido detenido un depredador sexual de 20 años que buscaba víctimas menores de edad en Internet para forzarlas a mantener relaciones sexuales.
	El detenido era un joven reincidente que se hacía pasar por adolescente para engañar a sus víctimas, siendo la última una niña de 12 años que tuvo que ser atendida en urgencias.

Medio	ABC
Titular	El cantante a quien la Guardia Civil detuvo dos veces en 16 meses y atribuye varios delitos por abusos sexuales sobre 9 menores
Fecha	05/10/2022
País de los hechos	España
Evidencia	

→ ABC → España → Castilla La Mancha → Toledo → **Talavera**

El cantante a quien la Guardia Civil detuvo dos veces en 16 meses y atribuye varios delitos por abusos sexuales sobre 9 menores

SUCESOS

Lo acusan de captar a sus presuntas víctimas durante sus conciertos en institutos de Talavera de la Reina, Los Navalmorales y Oropesa, en la provincia de Toledo, y en la localidad abulense de Arenas de San Pedro

Enlace	https://www.abc.es/espana/castilla-la-mancha/toledo/tala-vera/cantante-guardia-civil-detuvo-veces-meses-atribuye-20221005194323-nt.html
	(último acceso 04/02/2023)
Resumen	La Guardia Civil ha detenido, en mayo del 2021, a un joven de 26 años por delitos de abuso sexuales a una niña de 13 años a través de las redes sociales, quedando en libertad.
	Dieciséis meses después, ha vuelto a ser detenido por el abuso sexual fa 8 víctimas menores de 18 años mediante el uso de Grooming.
	A sus víctimas les preguntaba generalmente la edad e intercambiaban perfiles de la aplicación Instagram. Luego se ganaba la confianza de la menor, a la que hacía creer que se había enamorado de ella y es entonces cuando le reclamaba más videos o fotografías íntimas.
	Con algunas de las víctimas, llegó a mantener relaciones sexuales, dos según la investigación, y a otras las intimidó para lograrlo.

4.3. Agresores duales y secuestro de menores

Como podemos apreciar, la existencia de conductas duales es un hecho inexorable que poco a poco va ganando más fuerza en la sociedad, y si bien puede argumentarse la existencia de perfiles online que transgreden el mundo digital para acometer un abordaje físico ¿puede un perfil online o dual acabar cometiendo un acto de secuestro para satisfacer sus fantasías sexuales? De ser así ¿cuáles son los fundamentos que respaldan esta posibilidad?

Como primera aproximación a las anteriores cuestiones, Ioannou et al.[171], en un estudio sobre el rol de la víctima en relación a características criminales como el secuestro y la violación, determinaron que estas tendencias delictivas son intrínsecas a sujetos que abordan físicamente a sus víctimas, pues cuenta con una tendencia mayor a usar la violencia desmedida; la explicación a esta conducta se encontraría en las distorsiones cognitivas y los bajos niveles de empatía con respecto a las víctimas, según afirman Elliott et al.[172]. En consecuencia, la posibilidad ante el secuestro de menores

---

171 Ioannou, M., et al. (2018). «A comparison of online...», op. cit., p. 297.
172 Elliott, I. A., et al. (2013). «The Psychological Profiles...», op. cit., p. 4.

en perfiles duales no resulta trivial, ya que el perfil offline es un elemento esencial y constituyente de los mismos, representando la búsqueda de contacto físico con independencia del tipo de relación que guarda con el uso de las nuevas tecnologías.

A su vez, el consumo de pornografía infantil influye en el comportamiento del perfil dual ya que puede estimular las fantasías sexuales y actuar como un modelo para un delito de contacto[173]; además, algunos sujetos activos de perfil D1 son proclives a forzar relaciones cercanas cuando encuentran víctimas, algunas de las cuales pasan de ser «virtuales» a «reales»[174]; de ello puede deducirse una mayor predisposición al secuestro para concretar fantasías relacionadas con conductas violentas que solo pueden ser consumadas en un contexto físico.

Finalmente, y al objeto de evidenciar la existencia de secuestros cometidos por perfiles duales, se detallan a continuación un conjunto de noticias internacionales que abarcan desde delitos grupales hasta casos particulares en orden cronológico ascendente.

Medio	Tele Madrid
Titular	Detienen a pedófilos que planeaban secuestrar niños para prácticas sádicas
Fecha	07/07/2013
País de los hechos	España
Evidencia	Detienen a pedófilos que planeaban secuestrar niños para prácticas sádicas — Ocho arrestados, de los que cuatro ya están en prisión

---

173   QUAYLE, E., & TAYLOR, M. (2002). «Child pornography...», *op. cit.*, p. 534.

174   QUAYLE, E., & TAYLOR, M. (2003). «Model of problematic...», *op. cit.*, p. 98.

Enlace	https://www.telemadrid.es/noticias/sociedad/Detienen-pedofilos-planeaban-secuestrar-practicas-0-1480651924--20130707111405.html (último acceso 08/10/2022)
Tipología de sujeto activo (Perfil)	Dual: D1
Resumen	Detenidas ocho personas de entre 25 y 60 años, en A Coruña (2), Pontevedra (2), Madrid (2), Gijón (1) y Málaga (1). Además, se han llevado a cabo un total de diez registros en Galicia (4), Madrid (3), Asturias (2) y Andalucía (1), que han permitido hallar material informático con pornografía infantil. Tras analizar los contactos mantenidos por los pedófilos, los agentes de la Policía Nacional averiguaron que buscaban seleccionar víctimas entre los menores de su entorno para utilizar en orgías, someterlos a encierros en condiciones infrahumanas o iniciar en prácticas sádicas; también se pudo conocer que los detenidos planeaban drogar a las víctimas para que no pudieran recordar los abusos

Medio	BBC
Titular	Cuando tenía 13 años me secuestró un pederasta que conocí en internet
Fecha	13/03/2016
País de los hechos	Estados Unidos
Evidencia	Cuando tenía 13 años me secuestró un pederasta que conocí en internet Redacción BBC Mundo 13 marzo 2016

Enlace	https://www.bbc.com/mundo/noticias/2016/03/160309_nina_secuestrada_pederasta_internet_ac# (último acceso 04/02/2023)
Tipología de sujeto activo (Perfil)	Dual: D1/D2
Resumen	La noticia relata la historia de Alicia Kizakiewicz, secuestrada a los 13 años por un pedófilo que conoció en Internet. Alicia creyó estar conversando en línea con «un niño que yo pensaba que tenía más o menos mi edad y al que le gustaban las mismas cosas que a mí». En navidad del año 2001, Alicia decidió abandonar su casa para ir al encuentro de su amigo, pero en su lugar se encontró con un individuo adulto que le esperaba en un vehículo. El coche recorrió desde Pittsburgh hasta Virginia (EE.UU.) con la víctima, una vez en su vivienda, el pedófilo agredió sexualmente a la joven durante días. Fue localizada por el FBI cuatro días después de su secuestro, gracias a que el rostro de la víctima fue identificado por un usuario de Internet mientras visionaba las imágenes emitidas por el agresor.

Medio	El País
Titular	Hallado en el armario de un hombre en Alemania un menor desaparecido hace dos años
Fecha	23/12/2019
País de los hechos	Alemania
Evidencia	**Hallado en el armario de un hombre en Alemania un menor desaparecido hace dos años** La policía encuentra al adolescente, de 15 años, en buen estado al registrar la casa de un sospechoso de distribuir pornografía infantil ENRIQUE MÜLLER
Enlace	https://elpais.com/sociedad/2019/12/23/actualidad/1577109374_705037.html (último acceso 04/02/2023)

Tipología de sujeto activo (Perfil)	Dual: D1
Resumen	En el año 2019, agentes de la policía debían acceder al domicilio de un sospechoso relacionado con la distribución de pornografía infantil en Recklinghausen. La operación se centraba en recopilar discos duros y otras unidades de almacenamiento con posible material delictivo. Durante el registro, los agentes abrieron la puerta de un armario y hallaron a un menor de edad, se trataba de Marvin K., un niño que había desaparecido sin dejar rastro el 11 de junio de 2017, a los 13 años. Según se relata en la notica, las 11.37 h. del día 11 de junio de 2017, Marvin envió un mensaje de WhatsApp al centro para menores donde vivía desde la muerte de su padre para preguntar qué había para comer. Pero desde aquella comunicación, su móvil dejó de emitir señales. Los asistentes sociales del centro denunciaron su desaparición y la madre del menor inició una búsqueda que ha durado dos años y medio hasta el momento del rescate, en diciembre del año 2019.

Medio	Primicia
Titular	Arrestan a operador de sitio web de pedofilia por secuestrar a una niña de 12 años
Fecha	21/12/2020
País de los hechos	Estados Unidos
Evidencia	**Arrestan a operador de sitio web de pedofilia por secuestrar a una niña de 12 años** » El acusado alteró la apariencia de la menor con una peluca de pelo largo y la llevó al aeropuerto de Fresno. Por: RT — lunes, 21 diciembre 2020
Enlace	https://primicia.com.ve/mundo/arrestan-a-operador-de-sitio-web-de-pedofilia-por-secuestrar-a-una-nina-de-12-anos/ (último acceso 04/02/2023)

Tipología de sujeto activo (Perfil)	Dual: D1/D2
Resumen	La policía estadounidense detuvo a un hombre de 40 años que secuestró a una niña de 12 años y luego cruzó el país para retenerla en su vivienda.
	El agresor, era un supremacista blanco y conocido defensor de la pedofilia, incluso operaba un sitio de almacenamiento e intercambio de pornografía infantil.
	La víctima fue contactada por el agresor mediante redes sociales, manipulándole este último para conseguir imágenes de desnudos de sí misma. El 12 de diciembre, el agresor voló desde Fresno a Virginia y luego acudió a la casa de la menor, persuadiéndola para que saliera de la casa de sus padres.
	El agresor disfrazó a la víctima con peluca para pasar los controles del aeropuerto, obligándole a no hablar. La policía pudo detener al delincuente en Denver, donde hacía escala para dirigirse a Fresno.

Medio	20 Minutos
Titular	Detienen a un pedófilo que secuestró a una menor gracias a un gesto de alarma que la chica aprendió en TikTok
Fecha	07/11/2021
País de los hechos	Estados Unidos
Evidencia	**Detienen a un pedófilo que secuestró a una menor gracias a un gesto de alarma que la chica aprendió en TikTok** 20MINUTOS / NOTICIA / 07.11.2021 - 12.57H (f) (i) • La sutil señal para ayudar a víctimas de violencia de género que se ha hecho viral.
Enlace	https://www.20minutos.es/noticia/4882215/0/detienen-pedofilo-secuestro-menor-gracias-gesto-alarma-chica-aprendio-tiktok/ (último acceso 04/02/2023)

Tipología de sujeto activo (Perfil)	Dual: D1
Resumen	Los hechos ocurrieron en el condado de Laurel, en Kentucky. Agentes de la ley detuvieron a un pedófilo de 61 años, tras conocerse que había secuestrado a una niña de 16 años.
	La menor había sido había sido secuestrada en su casa en Asheville, Carolina del Norte, y conducida por su estado natal, Ohio, Tennessee y Kentucky. Sus padres habían denunciado su desaparición.
	La voz de alarma la dio un conductor que se encontraba posicionado detrás del coche del secuestrador, y que había visto como la víctima hacía un gesto con la mano, viral en TikTok, que representa que la que lo ejecuta está sufriendo violencia machista.
	El acusado fue condenado por secuestro y posesión de pornografía infantil.

Medio	La Vanguardia
Titular	Un pederasta secuestra y viola a una niña de 13 años a la que contactó por Roblox
Fecha	07/03/2022
País de los hechos	Estados Unidos
Evidencia	TRÁFICO SEXUAL **Un pederasta secuestra y viola a una niña de 13 años a la que contactó por Roblox** • Un hombre de 33 años secuestra y viola durante días a una menor que conoció a través de Roblox • El lenguaje secreto de los pedófilos en la red: así funciona
Enlace	https://www.lavanguardia.com/tecnologia/20220307/8105465/nina-13-anos-secuestrada-violada-hombre-conocio-roblox-pmv.html (último acceso 13/10/2022)
Tipología de sujeto activo (Perfil)	Dual: D2

Resumen	La policía del condado de Clayton, en el estado de Georgia, ha detenido a un hombre de 33 años por secuestro y violación de una menor de 13 años.
	El pederasta contactó con la víctima el pasado día 18 de febrero a través de la plataforma de videojuegos en línea Roblox, estuvo dos días tratando de convencer a la menor de abandonar su casa, la recogió y la llevó a su ciudad de residencia. Según informó la policía del condado, el hombre violó repetidamente a la víctima durante los días que la mantuvo secuestrada.
	La policía encontró a la menor en una tienda de Dollar General y arrestó al hombre de 33 años acusado de tráfico sexual, secuestro y violación. «Tuvimos mucha suerte de haber encontrado viva a esta joven», declaraba el policía que coordinó la búsqueda.

Medio	Clarín
Titular	Pedófilo secuestró a un niño de 7 años camino a la escuela y lo mantuvo 52 días en un sótano
Fecha	04/07/2022
País de los hechos	Rusia
Evidencia	**Pedófilo secuestró a un niño de 7 años camino a la escuela y lo mantuvo 52 días en un sótano** Un hombre de 28 años fue condenado por secuestrar a un chico y abusar sexualmente de él
Enlace	https://www.clarin.com/internacional/pedofilo-secuestro-nino-7-anos-camino-escuela-mantuvo-52-dias-sotano_0_FHpNMMlbfL.html (último acceso 04/02/2023)
Tipología de sujeto activo (Perfil)	Dual: D1

Resumen	Un pedófilo fue condenado por secuestrar a un menor de 7 años cuando bajaba del autobús escolar. El secuestrador mantuvo en cautividad a la víctima durante dos meses en un sótano para abusar sexualmente de él.
	El menor pudo ser localizado, según el Ministerio del Interior de Rusia, gracias a «colegas extranjeros a través de los canales de la Interpol», al parecer, fue descubierto gracias a que el secuestrador comenzó a jactarse de su crimen en los chats entre pedófilos en la *Deep Web*.
	El detenido, aparte de cometer delitos de secuestro y abusos sexuales contra un menor, se dedicaba a distribuir pornografía infantil desde el año 2015.

V.

ABUSO ONLINE Y DESAPARICIONES FORZOSAS DE MENORES EN ESPAÑA

En el presente capítulo se exponen las conclusiones derivadas del análisis correlativo entre los menores desaparecidos de manera forzosa en España y los perfiles descritos en los capítulos III y IV.

Mediante la abstracción del corpus estadístico subyacente, se pretende facilitar la puesta común de los resultados con el público general y con ello brindar al lector un marco de referencia para emitir sus propias conclusiones, así como también afrontar futuras vías de investigación que resultan de especial interés.

5.1. Antecedentes infundados

5.1.1. Discursos alternativos

La entrada de los años noventa estuvo salpicada por una serie de acontecimientos que escribieron páginas negras en la crónica española; nos referimos al malogrado crimen de Macastre[175] y al crimen de Alcàsser[176], casos que fueron sometidos a continuos debates dadas las incertidumbres

---

175 MAROTO, D. (28 de enero de 2023). «Macastre, el otro caso Alcàsser olvidado: tres adolescentes asesinados, el mismo bar y un pie mutilado». *ABC*. https://www.abc.es/espana/comunidad-valenciana/macastre-alcasser-olvidado-tres-adolescentes-asesinados-mutilado-20230128123359-nt.html

176 MAROTO, D. (26 de enero de 2023). «Qué pasó con las niñas de Alcàsser hasta que fueron halladas en una fosa el 27 de enero de 1993». *ABC*.

devenidas de los análisis periciales, así como también por la magnitud mediática y el continuo clamor de justicia por parte de familiares y amigos de las víctimas.

Con los anteriores reclamos, los procedimientos y los resultados oficiales del crimen de Alcàsser fueron puestos en tela de juicio, dando paso a una serie de hipótesis alejadas de los informes emitidos por las Fuerzas y Cuerpos de Seguridad del Estado. El mensaje alternativo comenzó a ganar presencia gracias al factor amplificador de diversos medios televisivos, culminando con la publicación de libros que sustentaban el argumentario en un conjunto de presuntas negligencias policiales. Como parte de la teoría alternativa, y según comenta su principal difusor, las víctimas habrían estado sometidas al abuso sexual y torturas reiteradas con el fin de producir material audiovisual que satisfaga a un grupo de gente con alto poder adquisitivo ubicado en la comunidad valenciana[177]. De ser cierto el mensaje difundido, estaríamos frente a la presunta existencia de un grupo de crimen organizado en España, cuyo objetivo recae en la sustracción de menores para la producción de material relacionado con la pornografía infantil.

5.1.2. Nuevos actores, mismo escenario

Las hipótesis alternativas han resurgido en los últimos años con la aparición de nuevos actores, trasladando el mensaje hacia contextos de dudosa credibilidad. Como ejemplo de ello, se encuentra el persistente «caso Bar España»[178], un proceso de desinformación que tiene su génesis a finales de los años noventa y que ha sido reabierto por el Juzgado

---

https://www.abc.es/espana/comunidad-valenciana/paso-ninas-alcasser-halladas-fosa-enero-1993-20230126090926-nt.html

177 JUÁREZ, D. (5 de julio de 2019). «Con la muerte de Juan Ignacio Blanco, ¿qué pasa con la supuesta cinta que resolvería el caso Alcàsser?». *La Vanguardia*. https://www.lavanguardia.com/sucesos/20190705/463294606055/juan-ignacio-blanco-cinta-caso-alcasser-documental-netflix.html?utm_source=facebook&utm_medium=social&utm_content=sucesos&fbclid=IwAR0f1di9oBiDa9R-DaPwf9Dm0y-jHY8IIXiq4wT06uMMAI2-xGcMiHqr5D9I

178 ANDROS, L. & LÓPEZ FRÍAS, D. (3 de abril de 2020). «El Bar España, el mayor bulo de la Historia sobre políticos y jueces violadores, llega al final». *El español*. https://www.elespanol.com/reportajes/20210403/bar-espana-mayor-historia-politicos-jueces-violadores/570693682_0.html

de Instrucción número 5 de Castellón con el objetivo dictar sentencia contra aquellos individuos que publicaron mensajes difamatorios contra políticos en diversos foros y blogs de Internet[179].

En la supuesta trama articulada por los autores del «Bar España», un conjunto de menores en situación de marginalidad habrían sido víctimas de personas de alto standing con el fin de saciar sus fantasías sexuales, entre las afirmaciones que servían de apoyo a la trama podía encontrarse, entre otras, que «casi un centenar de niños fueron violados de forma continuada en Castellón durante más de una década».

En conclusión, y de manera sintética, podemos apreciar como existe una prevalente argumentación a favor de presuntos grupos organizados entorno al secuestro y abuso sexual de menores en España; no obstante, y respetando en todo momento la libertad de opinión de los lectores, se estima que la verdad únicamente puede ser revelada bajo el rigor científico, lejos de cualquier influencia mediática y sobrecarga informativa.

5.2. En busca de la verdad

Llegados a este punto de la narrativa, solo nos queda por desvelar si existe o no una asociación entre los menores desaparecidos de manera forzosa en España y aquellos sujetos activos que ejercen el *Child Grooming* y/o consumen pornografía infantil en Internet, pero ¿cómo podemos valorar de forma objetiva si, por ejemplo, el consumo de pornografía infantil influye en el secuestro de menores?

Para resolver esta tipología de preguntas, se ha optado por utilizar el análisis de Pearson como método de correlación lineal entre dos variables cuantitativas, o lo que es lo mismo, se ha procedido a contrastar matemáticamente los posicionamientos geográficos obtenidos a partir de diversas fuentes de datos en busca de una asociación causa-efecto; de esta manera, se han llevado a cabo los correspondientes cálculos

---

179 Jiménez T. (4 de febrero de 2022). «Caso Bar España: nueve personas irán a juicio por difundir un bulo sobre políticos pederastas en Castellón». *ABC*. https://www.abc.es/espana/comunidad-valenciana/abci-caso-espana-nueve-personas-iran-juicio-difundir-bulo-sobre-politicos-pederastas-castellon-202202040758_noticia.html

de regresión lineal para sujetos relacionados con la tenencia y distribución de pornografía infantil (variable x) y los menores desaparecidos en España de manera forzosa (variable y), así como también para los sujetos relacionados con el *Child Grooming* (variable x) y los menores desaparecidos en España de manera forzosa (variable y), ambas pruebas circunscritas a los años 2021 y 2022.

Con todo ello, y según las pruebas estadísticas detalladas en la TD[180], se concluye que existe una asociación estadística relevante entre los perfiles delictivos evaluados y las desapariciones forzosas de menores en España en el año 2021, ello permite establecer una causa-efecto entre las variables observadas; cabe señalar que la correlación resulta más significativa en el caso de distribuidores y/o consumidores de pornografía infantil (con un coeficiente R = 0,683 y un p-value de 0,001). Por otro lado, y en lo relativo al año 2022, se constata la ausencia de una correlación estadística relevante entre los perfiles delictivos evaluados y las desapariciones forzosas de menores en España (para ambos perfiles delictivos, R = 0,36, p-value < 0,05), lo cual nos conduce a refutar —parcialmente— la posible asociación con el secuestro de menores.

Si bien los resultados estadísticos con respecto al año 2022 son rotundos, cabe mencionar que el análisis llevado a cabo se circunscribe al ámbito de las ciencias sociales, y cuando hablamos del comportamiento humano —con los matices que esto conlleva— incluso un p-value = 0,12 (individuos que consumen pornografía infantil en Internet), y un p-value = 0,11 (sujetos que ejercen *Child Grooming*) también representan datos significativos.

Abogando por una conclusión que condense el mensaje de manera efectiva para todos los públicos, puede inferirse que, con los métodos tecnológicos empleados y los correspondientes análisis numéricos, se descarta la asociación causa-efecto entre la demanda de pornografía infantil o el acoso sexual en línea, y la desaparición de menores en España. No obstante, con independencia de esta aseveración, y teniendo en cuenta los matices señalados sobre los resultados del año 2022, resta al lector hacer su propia valoración y determinar hacia dónde se inclina finalmente la balanza según su crite-

---

180 GALLO-SERPILLO, F. (2023). *Estudio sobre la pornografía…, op. cit.*, pp. 239-248.

rio; además, como podrá observarse en el siguiente apartado, este trabajo no deja de suponer un punto de referencia ante el estudio del fenómeno criminológico del secuestro de menores, un camino que se abre a futuras líneas de investigación.

5.3. Futuras vías de investigación

Como bien se ha podido evidenciar, existe una asociación débil entre el conjunto de variables evaluadas a lo largo del año 2022, sin embargo, los resultados obtenidos invitan a reflexionar sobre el motivo subyacente y, por tanto, a explorar la correspondiente vía explicativa.

En este sentido, se estima que el resultado bien puede atribuirse a un cambio de tendencias en el patrón geográfico de los perfiles relacionados con el abuso online; de esta manera, y tomando como referencia las 5 comunidades autónomas con mayor acumulación de registros en el año 2021, se aprecia un patrón geográfico constituido por la comunidad de Andalucía, Madrid, Cataluña y Valencia (en orden de mayor a menor volumen de individuos registrados); por su parte, en el año 2022 puede apreciarse un cambio de tendencia donde el patrón geográfico más predominante se corresponde a la unión de las comunidades de Madrid, Andalucía, Valencia y Cataluña (en orden de mayor a menor volumen de individuos registrados). Este cambio de tendencia, posiblemente asociado a cambios conductuales en los individuos que ejercen algún tipo de abuso sexual a menores, requerirá de estudios futuros para verificar si existen más variaciones en el patrón geográfico o, en su defecto, si alguno de los patrones detectados vuelve a reiterarse.

Por su parte, los datos geográficos pertenecientes a menores de edad desaparecidos de manera forzosa también resultan heterogéneos en cuanto a distribución geográfica, ya que no existe similitud entre la tendencia presente el año 2021 y la tendencia del año 2022. Si bien se desconocen las causas subyacentes ante dichas fluctuaciones, la diversidad de perfiles y situaciones reportadas el CNDES permite visualizar la complejidad de este fenómeno como variable dependiente.

Finalmente, resulta de interés evaluar la existencia de otras causas desencadenantes de índole delictivas que no se encuentren contempladas dentro del marco del presente trabajo, pudiendo derivar en una correlación positiva con respecto a los menores desaparecidos en España de manera forzosa y sin causa aparente; entre otras posibles causas a evaluar en futuros trabajos pueden citarse «diversas actividades ilegales como (...) la trata de seres humanos en todas sus de explotación, la detención ilegal, la adhesión a una secta, etc.» como bien indica el *Protocolo de Actuación de las Fuerzas y Cuerpos de Seguridad ante casos de personas desaparecidas*[181].

---

181   MINISTERIO DEL INTERIOR. (2019). *Protocolo de actuación..., op. cit.*, p. 18.

BIBLIOGRAFÍA

Acuña, M. J. (2014). «Abuso sexual en menores de edad: generalidades, consecuencias y prevención». *Medicina Legal de Costa Rica*, 31(1), 13. http://www.scielo.sa.cr/scielo.php?script=sci_arttext&pid=S1409-00152014000100006

Ahvanooey, M. T., Zhu, M. X., Mazurczyk, W., Kilger, M., & Choo, K.-K. R. (2021). «Do Dark Web and Cryptocurrencies Empower Cybercriminals?». *Lecture Notes of the Institute for Computer Sciences, Social-Informatics and Telecommunications Engineering*, LNICST. https://doi.org/10.1007/978-3-031-06365-7_17

Ali, S., Abou, H., Enaam, H., & Mohammed, Y. (2021). «Child Sexual Abuse and the Internet – A Systematic Review». *Human Arenas*. https://doi.org/10.1007/s42087-021-00228-9

American Psychiatric Association. (2000). *Diagnostic and statistical manual of mental disorders (DSM-IV-TR)*. American Psychiatric Publishing.

Ambos, K., & Böhm, M. L. (2009). *La desaparición forzada de per sonas como tipo penal autónomo. Análisis comparado internacional y propuesta legislativa*. Editorial Temis S. A, 195-255.

Andreu-Guzmán, F. (2001). *El Proyecto de Convención internacional para la protección de todas las personas contra las desapariciones forzadas*. International Commission of Jurists, 62-63, 73-106.

ANDROS, L. & LÓPEZ FRÍAS, D. (3 de abril de 2020). «El Bar España, el mayor bulo de la Historia sobre políticos y jueces violadores, llega al final». *El español*. https://www.elespanol.com/reportajes/20210403/bar-espana-mayor-historia-politicos-jueces-violadores/570693682_0.html

BABCHISHIN, K. M., HANSON, R. K., & HERMANN, C. A. (2011). «The characteristics of online sex offenders: A meta-analysis». *Sexual Abuse: Journal of Research and Treatment*, 23(1), 92-123. https://doi.org/10.1177/1079063210370708

BABCHISHIN, K. M., HANSON, R. K., & VANZUYLEN, H. (2015). «Online Child Pornography Offenders are Different: A Meta-analysis of the Characteristics of Online and Offline Sex Offenders Against Children». *Archives of Sexual Behavior*, 44(1), 45-66. https://doi.org/10.1007/s10508-014-0270-x

BARAVALLE, A., LOPEZ, M. S., & LEE, S. W. (2016). «Mining the Dark Web: Drugs and Fake Ids». *IEEE International Conference on Data Mining Workshops*, ICDMW, 350-356. https://doi.org/10.1109/ICDMW.2016.0056

BATES, A., & METCALF, C. (2007). «A psychometric comparison of internet and non-internet sex offenders from a community treatment sample». *Journal of Sexual Aggression*, 13(1), 11-20. https://doi.org/https://doi.org/10.1080/13552600701365654

BEECH, A. R., ELLIOTT, I. A., BIRGDEN, A., & FINDLATER, D. (2008). «The Internet and child sexual offending: A criminological review». *Aggression and Violent Behavior*, 13(3), 216-228. https://doi.org/10.1016/J.AVB.2008.03.007

BECERRA GARCÍA, J. A. (2009). «Etiology of pedophilia from a neurodevelopmental perspective: Markers and brain alterations». *Revista de Psiquiatria y Salud Mental*, 2(4), 190-196. https://doi.org/10.1016/S1888-9891(09)73237-9

BECERRA GARCÍA, J. A. (2013). «¿Existe un perfil característico de psicopatología de la personalidad en pedofilia?». *Cuadernos de Medicina Psicosomática y Psiquiatria de Enlace*, 105, 5

BERGEN, E., DAVIDSON, J., SCHULZ, A., SCHUHMANN, P., JO-
HANSSON, A., SANTTILA, P., & JERN, P. (2014). «The Effects of Using Identity Deception and Suggesting Se-
crecy on the Outcomes of Adult-Adult and Adult-Child
or -Adolescent Online Sexual Interactions». *Victims and
Offenders*, 9(3), 276-298. https://doi.org/10.1080/15564
886.2013.873750

BLANCHARD, R., LYKINS, A. D., WHERRETT, D., KUBAN, M. E.,
CANTOR, J. M., BLAK, T., DICKEY, R., & KLASSEN, P. E.
(2009). «Pedophilia, hebephilia, and the DSM-V». *Archives of Sexual Behavior*, Vol. 38, Issue 3. https://doi.
org/10.1007/s10508-008-9399-9

BRZOZOWSKI, J. (2020). «Fornication and other "awful sins"
in the bible translations. Eu-phemisms and alterations
on matt 5:32, 9:19 and lev 20:10-21». *Uniwersytet
Jagielloński*, 26(2), 27-42. https://doi.org/10.12797/
MOaP.26.2020.48.02

CHERTOFF, M. (2017). «A public policy perspective of the
Dark Web». *Journal of Cyber Policy*, 2(1), 26-38. https://
doi.org/10.1080/23738871.2017.1298643

CHOO, K. R. (2009). «Online child grooming: a literature review on the misuse of social networking sites for
grooming children for sexual offences». *Australian Institute of Criminology*, 132. http://www.ncjrs.gov/App/
publications/Abstract.aspx?id=250455

CLOUGH, J. (2015). *Principles of Cybercrime*. Cambridge
University Press. https://doi.org/10.1017/CBO978113
9540803

COTO, S. D., & FRANÇA TARRAGÓ, O. (2014). «Flujo de material pornográfico infantil online. Estudio exploratorio en
10 países de América Latina con foco en Uruguay».
Universidad de La Rioja, 1, 55-67.

CRAVEN, S., BROWN, S., & GILCHRIST, E. (2006). «Sexual grooming of children: Review of literature and theoretical con-
siderations». *Journal of Sexual Aggression*, 12(3),287-
299. https://doi.org/10.1080/13552600601069414

DAIGNEAULT, I., HÉBERT, M., & TOURIGNY, M. (2007). «Personal and Interpersonal Characteristics Related to Resilient Developmental Pathways of Sexually Abused Adolescents». *Child and Adolescent Psychiatric Clinics of North America*, 16(2), 415-434. https://doi.org/10.1016/j.chc.2006.11.002

DE CASTELLA, T., & HEYDEN, T. (2014). «How did the pro-paedophile group PIE exist openly for 10 years?». *BBC News*. https://www.bbc.com/news/magazine-26352378

DEHART, D., DWYER, G., SETO, M. C., MORAN, R., LETOURNEAU, E., & SCHWARZ-WATTS, D. (2016). «Internet sexual solicitation of children: a proposed typology of offenders based on their chats, e-mails, and social network posts». *Journal of Sexual Aggression*, 23(1), 77-89. https://doi.org/10.1080/13552600.2016.1241309

DE YOUNG, M. (1988). «The indignant page: Techniques of neutralization in the publications of pedophile organizations». *Child Abuse and Neglect*, 12(4), 583-591. https://doi.org/10.1016/0145-2134(88)90076-2

ELLIOTT, I. A., BEECH, A. R., & MANDEVILLE-NORDEN, R. (2013). «The Psychological Profiles of Internet, Contact, and Mixed Internet/Contact Sex Offenders». *Sexual Abuse: Journal of Research and Treatment*, 25(1), 3-20. https://doi.org/10.1177/1079063212439426

EMCDDA, & EUROPOL. (2017). *Drugs and the darknet*. EMCDDA and Europol Report.https://www.emcdda.europa.eu/system/files/publications/6585/TD0417834ENN.pdf

EUROPOL. (2021). «Internet Organised Crime Threat Assessment» *(IOCTA)* 2021. Europol. https://doi.org/10.2813/113799

EUROPOL. (2021a). «4 arrested in takedown of dark web child abuse platform with some half a million users. Europol». https://www.europol.europa.eu/media-press/newsroom/news/4-arrested-in-takedown-of-dark-web-child-abuse-platform-some-half-million-users

FERRAGUT, M., ORTIZ-TALLO, M., & BLANCA, M. J. (2021). «Victims and perpetrators of child sexual abuse: Abusive contact and penetration experiences». *International Journal of Environmental Research and Public Health*, 18(18). https://doi.org/10.3390/ijerph18189593

FINKELHOR, D. (1994). «The international epidemiology of child sexual abuse». *Child Abuse and Neglect*, 18(5), 409-417. https://doi.org/10.1016/0145-2134(94)90026-4

FORTIN, F., PAQUETTE, S., & DUPONT, B. (2018). «From online to offline sexual offending: Episodes and obstacles». *Aggression and Violent Behavior*, 39(November 2017), 33-41. https://doi.org/10.1016/j.avb.2018.01.003

GÁMEZ-GUADIX, M., ROMÁN, F., MATEOS, E., & DE SANTIESTEBAN, P. (2021). «Creencias erróneas sobre el abuso sexual online de menores («child grooming») y evaluación de un programa de prevención». *Behavioral Psychology/Psicología Conductual*, 29(2), 283-296. https://doi.org/10.51668/bp.8321204s

GALLO-SERPILLO, F. (2023). *Estudio sobre la pornografía infantil en internet y su relación con la desaparición forzosa de menores en España*. Universidad de Granada. ISBN: 9788411953320

García Hernández, G. (2013). «La protección de la infancia frente a la pornografía infantil». *Revista Boliviana de Derecho*, ISSN-e 2070-8157, No. 15, 2013, Págs. 90-111, 15, 90-111.

GARCÍA ROJO, J. C. (2001). «Pornografía infantil en internet». *Boletín Criminológico*, 37(3), 217-223.

GEMARA N. COHEN N. & AT C. (2022).«"I do not remember … ou are reminding me no!" : Children ' s difficult experiences during forensic intervie s about online». *Child Abuse & Neglect*, 134. https://doi.org/10.1016/j.chiabu.2022.105913

GUITTON, C. (2013). «A review of the available content on Tor hidden services: The case against further development». *Computer in Human Behavior*, 29, 2805-2815 Contents. https://doi.org/10.1016/j.chb.2013.07.031

HOUTEPEN, J. A. B. M., SIJTSEMA, J. J., & BOGAERTS, S. (2014). «From child pornography offending to child sexual abuse: A review of child pornography offender characteristics and risks for cross-over». *Aggression and Violent Behavior*, 19(5), 466-473. https://doi.org/10.1016/j.avb.2014.07.011

INTERNATIONAL CENTRE FOR MISSING & EXPLOITED CHILDREN. (2017). *Online Grooming of Children for Sexual Purposes: Model Legislation & Global Review*. The Koons Family Institute on International Law & Policy (Issue 1).

INTERPOL. (s.f.). *Terminología apropiada*. Interpol.

INTERNET WATCH FOUNDATION. (2013). *Internet Watch & Charity Annual Foundation Report 2013*. Internet Watch Foundation.

INTERNET WATCH FOUNDATION. (2021). *Internet Watch & Charity Annual Foundation Report 2021*. Internet Watch Foundation.

IOANNOU, M., SYNNOTT, J., REYNOLDS, A., & PEARSON, J. (2018). «A comparison of online and offline Grooming characteristics: An application of the victim roles model». *Computers in Human Behavior*, 85, 291-297.259 https://doi.org/10.1016/j.chb.2018.04.011

JEFATURA DE GABINETE DE MINISTROS. (2021). «En SEDRONAR "plantamos memoria" por los 30.000 desaparecidos durante la última dictadura cívico militar». *Gobierno de Argentina*. https://www.argentina.gob.ar/noticias/en-sedronar-plantamos-memoria-por-los-30000-desaparecidos-durante-la-ultima-dictadura

JIMÉNEZ T. (4 de febrero de 2022). «Caso Bar España: nueve personas irán a juicio por difundir un bulo sobre políticos pederastas en Castellón». *ABC*. https://www.abc.es/espana/comunidad-valenciana/abci-caso-espana-nueve-personas-iran-juicio-difundir-bulo-sobre-politicos-pederastas-castellon-202202040758_noticia.html

JONES, L. M., MITCHELL, K. J., & FINKELHOR, D. (2012). «Trends in youth internet victimization: Findings from three youth internet safety surveys 2000-2010». *Journal of Adolescent Health*, 50(2), 179-186.

JUÁREZ, D. (5 de julio de 2019). «Con la muerte de Juan Ignacio Blanco, ¿qué pasa con la supuesta cinta que resolvería el caso Alcàsser?». *La Vanguardia*. https://www.lavanguardia.com/sucesos/20190705/463294606055/juan-ignacio-blanco-cinta-caso-alcasser-documental-netflix.html?utm_source=facebook&utm_medium=social&utm_content=sucesos&fbclid=IwAR0f1di-9oBiDa9RDaPwf9Dm0y-jHY8IIXiq4wT06uMMAI2-xG-cMiHqr5D9I

KATZ, C. (2013). «Internet-related child sexual abuse: What children tell us in their testimonies». *Children and Youth Services Review*, 35(9), 1536-1542. https://doi.org/10.1016/j.childyouth.2013.06.006

KHALAFALLAH ALSHAMMERY, M., & FADHIL ALJUBOORI, A. (2022). «Crawling and Mining the Dark Web: A Survey on Existing and New Approaches»

KIRKPATRICK, K. (2017). «Financing the dark web». *Communications of the ACM*, 60(3), 21-22. https://doi.org/10.1145/3037386

KLEIJN, M., & BOGAERTS, S. (2021). «Sexual Offending Pathways and Chat Conversations in an Online Environment». *SAGE*, 33(8), 871-890. https://doi.org/10.1177/1079063220981061

LACSON, W., & JONES, B. (2016). «The 21st century Dark Net market: Lessons from the fall of silk road». *International Journal of Cyber Criminology*, 10(1), 40-61. https://doi.org/10.5281/zenodo.58521

LAMEIRAS FERNÁNDEZ, M., CARRERA FERNÁNDEZ, M. V., & FAILDE GARRIDO, J. M. (2008). «Abusos sexuales a menores: estado de la cuestión a nivel nacional e internacional». *Revista de Estudios de la Violencia*, 6, 1-23.

LONG, M. L., ALISON, L. A., & MCMANUS, M. A. (2013). «Child Pornography and Likelihood of Contact Abuse: A Comparison Between Contact Child Sexual Offenders and Noncontact Offenders». *Sexual Abuse: Journal of Research and Treatment*, 25(4), 370-395. https://doi.org/10.1177/1079063212464398

Lux, L. (2014). «Almacenamiento de pornografía en cuya elaboración se utilice a menores de dieciocho años: un delito asistemático, ilegítimo e inútil». *Universidad Católica de Valparaíso*, 9(17), 27-57. https://doi.org/10.4067/S0718-33992014000100002

Ly, T., Murphy, L., & Fedoroff, J. P. (2016). «Understanding Online Child Sexual Exploitation Offenses». *Current Psychiatry Reports*, 18(74). https://doi.org/10.1007/s11920-016-0707-0

Malen, J. F. (1992). «Acerca de la pornografía». *Revista Del Centro de Estudios Constitucionales*, 11.

Malham, S. (2021). *Understandings and attitudes towards minor attracted persons. Counsellors Understandings, Opinions and Attitudes towards MAPS*.

Maroto, D. (26 de enero de 2023). «Qué pasó con las niñas de Alcàsser hasta que fueron halladas en una fosa el 27 de enero de 1993». *ABC*. https://www.abc.es/espana/comunidad-valenciana/paso-ninas-alcasser-halladas-fosa-enero-1993-20230126090926-nt.html

Maroto, D. (28 de enero de 2023). «Macastre, el otro caso Alcàsser olvidado: tres adolescentes asesinados, el mismo bar y un pie mutilado». *ABC*. https://www.abc.es/espana/comunidad-valenciana/macastre-alcasser-olvidado-tres-adolescentes-asesinados-mutilado-20230128123359-nt.html

Martínez-Catena, A., & Redondo, S. (2016). «Etiología, prevención y tratamiento de la delincuencia sexual». *Anuario de Psicología Jurídica*, 26(1), 19-29. https://doi.org/10.1016/j.apj.2016.04.003

Marshall, W. L., & Barbaree, H. (1990). «An integrated theory of the etiology of sexual offending». *Handbook of Sexual Assault*, 257-275. New York: Plenum Press. https://doi.org/10.1007/978-1-4899-0915-2

McCarthy, J. A. (2010). «Internet sexual activity: A comparison between contact and non-contact child pornography offenders». *Journal of Sexual Aggression*, 16(2), 181-195. https://doi.org/10.1080/13552601003760006

Ministerio del Interior. (2009). *Instrucción 1/2009, de 23 de abril, de la Secretaría de Estado de Seguridad*. Gobierno de España.

Ministerio del Interior. (2019). *Protocolo de actuación de las fuerzas y cuerpos de seguridad ante casos de personas desaparecidas*. Gobierno de España.

Ministerio del Interior. (2022). *I Plan Estratégico en materia de Personas Desaparecidas (2022-2024)*. Gobierno de España. https://cndes-web.ses.mir.es/publico/Desaparecidos/Detalle-Noticia?noticia=PRIMER-PLAN-ES-TRAT-GICO-EN-MATERIA-DE-PERSONAS-DESAPARE-CIDAS

Ministerio del Interior, Centro Nacional de Desaparecidos. (2023). *Informe anual personas desaparecidas*. Gobierno de España https://cndes-web.ses.mir.es/publico/Desaparecidos/dam/jcr:18a41ae1-bd8a-482d-be72-36bf3689f19a/Informe%20anual%20personas%20desaparecidas%202023.pdf

Morales, F. (2002). «Pornografía infantil e Internet». *Jornadas de Responsabilidad Civil y Penal de los prestadores de servicios en internet*, Barcelona, 22-23 de Noviembre de 2001. https://www.uoc.edu/in3/dt/20056/index.html

Morillas, D. L. (2005). *Análisis dogmático y criminológico de los delitos de pornografía infantil* (Editorial dykinson s.l.). Editorial dykinson, s.l.

Nabki, M. W. Al, Fidalgo, E., Alegre, E., & De Paz, I. (2017). «Classifying illegal activities on tor network based on web textual contents». *15th Conference of the European Chapter of the Association for Computational Linguistics*, EACL 2017 - Proceedings of Conference, 1, 35-43. https://doi.org/10.18653/v1/e17-1004

Navarro, L., Director, P., Cabrera, M., & Madrid, M. (2019). *La Pedofilia y sus Repercusiones en la Responsabilidad Penal*. Universidad de Comillas.

Nazah, S., Huda, S., Abawajy, J., & Mehedi Hassan, M. (2020). «Evolution of Dark Web Threat Analysis and Detection: A Systematic Approach». *IEEE Access*, 8, 171796-171819. https://doi.org/10.1109/ACCESS.2020.3024198.

Neutze, J., Seto, M. C., Schaefer, G. A., Mundt, I. A., & Beier, K. M. (2011). «Predictors of Child Pornography Offenses and Child Sexual Abuse in a Community Sample of Pedophiles and Hebephiles». *Sexual Abuse: A Journal of Research and Treatment*, 23(2), 212-242. https://doi.org/10.1177/1079063210382043

Ortega, M. C., & López, J. J. (2015). *Desapariciones forzadas de niños en Europa y Latinoamérica. Del convenio de la ONU a las búsquedas a través del ADN*. Universidad de Barcelona, Vol. 4, Issue 1.

Owen, G., & Savage, N. (2015). «The Tor Dark Net». *Global Commission on Internet Governance Paper Series*, 20, 9.

Owen, G., & Savage, N. (2016). «Empirical analysis of Tor Hidden Services»; *IET Information Security*, 10(3), 113-118. https://doi.org/10.1049/iet-ifs.2015.0121

Parra González, A. (2016). «Pornografía Infantil. Contexto Socio/Criminológico y Jurídico». *Interacción y Perspectiva: Revista de Trabajo Social*, 6(1), 23-41.

Pereda, N., Guilera, G., Forns, M., & Gómez-Benito, J. (2009). «The international epidemiology of child sexual abuse: A continuation of Finkelhor (1994)». *Child Abuse & Neglect*, 33(6), 331-342. https://doi.org/10.1016/j.chiabu.2008.07.007

Pinillos, A. (2014). «La contribución de las neurociencias al Derecho Penal en el conocimiento de la afectación de la capacidad de culpabilidad por anomalía psíquica». *Análisis Especializado de Jurisprudencia*, 137-143.

Quayle, E., & Taylor, M. (2002). «Child pornography and the internet: Perpetuating a cycle of abuse». *Deviant Behavior*, 23(4), 331-361. https://doi.org/10.1080/01639620290086413

QUAYLE, E., & TAYLOR, M. (2003). «Model of problematic Internet use in people with a sexual interest in children». *CyberPsychology & Behavior*, 6, 93-106. https://doi.org/ http://dx.doi.org/10. 1089/109493103321168009

RAHAYUDA, I. G. S., & SANTIARI, N. P. L. (2017). «Crawling and cluster hidden web using crawler framework and fuzzy-KNN». *5th International Conference on Cyber and IT Service Management, CITSM*, 1-7. https://doi. org/10.1109/CITSM.2017.8089225

REAL ACADEMIA ESPAÑOLA. (s.f.-a). «Arresto». Recuperado el 10 de septiembre de 2022, de https://dle.rae.es/arresto?m=form

REAL ACADEMIA ESPAÑOLA. (s.f.-b). «Desaparecido-da». Recuperado el 10 de septiembre de 2022, de https://dle. rae.es/desaparecido?m=form

REAL ACADEMIA ESPAÑOLA. (s.f.-c). «Detención». Recuperado el 10 de septiembre de 2022, de https://dle.rae.es/detención?m=form

REAL ACADEMIA ESPAÑOLA. (s.f.-d). «Secuestrar». Recuperado el 10 de septiembre de 2022, de https://dle.rae.es/ secuestrar?m=form

REAL ACADEMIA ESPAÑOLA. (s.f.-e). «Secuestro». Recuperado el 10 de septiembre de 2022, de https://dle.rae.es/secuestro?m=form

REDONDO, S., PÉREZ, M., & MARTÍNEZ, M. (2007). «El riesgo de reincidencia en agresores sexuales: Investigación básica y valoración mediante el SVR-20». *Papeles Del Psicologo*, 28(3), 187-195.

RIBERAS-GUTIÉRREZ, M., RENESES, M., GÓMEZ-DORADO, A., SERRANOS-MINGUELA, L., & BUENO-GUERRA, N. (2023). «Online grooming: Risk factors and modus operandi of Spanish court sentences». *Anuario de Psicologia Juridica*, 13. https://doi.org/10.5093/apj2023a9

RINCÓN, J., & RINCÓN, M. (15 de mayo de 2023). «Preguntas frecuentes sobre el delito de pornografía infantil». *Asuntos Penales*. https://www.informacionlegal.es/delito-de-pornografia-infantil/#¿ES_DELITO_LA_DESCARGA_ACCIDENTAL_DE_PORNOGRAFIA_INFANTIL

Ruwen, O. (2006). *Pensar la pornografia*. PAIDÓS.

Saleem, J., Islam, R., & Ashad Kabir, M. (2022). «The Anonymity of the Dark Web: A Survey». *IEEE Access*, Volume 10(1), 33628-33660. https://doi.org/10.1109/ACCESS.2022.3161547

Satterfield, J. (2016). «FBI tactic in national child porn sting under attack». *USA TODAY NEWS*. https://eu.usatoday.com/story/news/nation-now/2016/09/05/fbi-tactic-child-porn-sting-under-attack/89892954/

Serrano, J. J. (2012). «Tráfico de pornografía infantil: dinámica, roles y prevención», *Gaceta Internacional de Ciencias Forenses*, 5, 33-41.

Sotoca-Plaza, A., Ramos-Romero, M., & Pascual-Franch, A. (2020). «El Perfil del Consumidor de Imágenes de Abuso Sexual Infantil: Semejanzas y Diferencias con el Agresor offline y el Delincuente Dual». *Anuario de Psicología Jurídica*, 30(1), 21-27. https://doi.org/10.5093/apj2019a11

Steel, C. M. S., Newman, E., Rourke, S. O., & Quayle, E. (2023). «Technical profiles of child sexual exploitation material offenders». *Psychiatry, Psychology and Law*, 1-14. https://doi.org/10.1080/13218719.2022.2148305

Taibi Sferrazza, P. (2019). «La definición de la desaparición forzada en el derecho internacional». *Revista Ius et Praxis* (Vol. 25).

Terre des hommes. (s.f.). «Sweetie: el enfoque definitivo para la explotación sexual de niños en línea». Recuperado el 19 de septiembre de 2022, de https://www.terredeshommes.nl/nl/programmas/sweetie

U.S. Department of Justice. (2010). *The National Strategy for Child Exploitation Prevention and Interdiction*. 166. https://www.justice.gov/psc/file/842411/download

Walsh, W. A., & Wolak, J. (2005). «Nonforcible internet-related sex crimes with adolescent victims: Prosecution issues and outcomes». *Child Maltreatment* (Vol. 10, Issue 3, pp. 260-271). https://doi.org/10.1177/1077559505276505

WINTERS, G. M., JEGLIC, E. L., & KAYLOR, L. E. (2020). «Validation of the sexual grooming model of child sexual abusers». *Journal of Child Sexual Abuse*, 29(7), 855-875. https://doi.org/10.1080/10538712.2020.1801935

WOLAK, J., LIBERATORE, M., & LEVINE, B. N. (2014). «Measuring a year of child pornography trafficking by U.S. computers on a peer-to-peer network». *Child Abuse and Neglect*, 38(2), 347-356. https://doi.org/10.1016/j.chiabu.2013.10.018